ゲールハルト・フィッシャー＋ウルリッヒ・リントナー❖編著
田村光彰＋岡本亮子＋片岡律子＋藤井雅人❖訳

ナチス第三帝国とサッカー

ヒトラーの下でピッチに立った選手たちの運命

現代書館

ナチス第三帝国とサッカー＊目次

装幀　渡辺将史

序文

「『スポーツとプロパガンダ』――この境界線はどこにあったのだろうか？　私たちはこの問題の背後に立ち入ろうとはしなかった。試合が許されるだけで嬉しかった」
（フリッツ・ヴァルター、『一一人の赤い狩人』にて）

一九三三年一月三十日、国家社会主義ドイツ労働者党（ＮＳＤＡＰ）は、第三帝国の権力を掌握した。アドルフ・ヒトラーが帝国首相になった。ナチスは、続く数カ月の間に社会生活のすべての分野で強制的同質化を推し進めた。ヒトラーは、ナチス政体への敵対者を除去することで、自らの独裁的な権力構造を確実にしようとした。ここには、新たに権力についた人間たちの政治とイデオロギーの構想に、スポーツを厳格にそして徹底的に組み入れることも含まれていた。

スポーツと政治を相互に完全に分けることは決してできない。このことを知るには、それほど遠い過去を振り返る必要はない。

ＦＣバイエルン・ミュンヒェンは、一九九八年、チャンピオンズリーグの予選試合で、ＮＫオビリック・ベオグラード（NK Obilic Belgrad）というセルビアのサッカークラブチームと対戦した。サポーターとジャーナリストは、その背景も知らずに、この憎めない相手をからかい続け、彼らを「オベリクス」と呼んだ【漫画『アステリクス』の登場人物。巨石を背負い、おぼつかない足取りの、下腹の出た巨漢。猪を食べ、けんか好き】。ここで事件が発生した。ユーゴ内戦の扇動家であり殺人マニアが、オビリック・チームの背後で糸を引いたのである。アルカンと呼ばれた（監督）ツェリイコ・ラツニャトヴィチである。ヨーロッパサッカー連盟（ＵＥＦＡ）は傍観の姿勢をとった。そしてＦＣバイエルンは、おぼつかない足取りで、狼狽したまま国際政治の見知らぬ領域に踏み込んでいった。役員たちは解決策も見いだせず、ベオグラードでの（二回戦試合の）第二試合に欠席をした。会長ベッケンバウアーは謝罪の意を伝えさせるだけで、行かなかった。ルメニッゲ副会長も詫びの意思を伝達してもらい、参加しなかった。シェーラー副監督も謝罪の意を届けてもらい、行かなかった。マリオ・バスラーは行った。彼は、地獄が待ちかまえていようと（どんな人物が待ちかまえていようと）、行ったのである。というのもマリオ・バスラーは何も知らなかったからである。「私は何の関わりもありません」と『南ドイツ新聞』はこのサッカー選手の言葉を引用している。バスラーは名前をまたど忘れし、「あいつが」と言い、「あいつがチームの監督だということは、あそこの国では恐らくごく普通のことなのだと思う」。バスラーの息詰まる発言は、ついに次の言葉で頂点に達した。「誰もが過ちを一度は犯しますよ」。これはアルカンのことであり、例の殺人者であった。

バスラーは、全国選抜チーム（ナショナルチーム）の選手であり、そのため、ドイツサッカー界を代表する選手であった。ところで、ドイツの全国選抜チームは、一九九八年、ナイジェリアの選抜チームと友好試合を行った。人権擁護団体は抗議した。なぜならばナイジェリアはこの当時、良心の呵責というものを知らない独裁者アバチャにより支配されていたのだ。もっと正確に言えば奴隷状態に置かれていたからである。だが、ドイツサッカー協会は試合を拒否しようとすればできたのに、ごく一般的な言い方で次のように表明した。「スポーツと政治は分けなければならない」。

今もこの姿勢は変わっていない。では一九三三年から四五年の間はどうだったのだろうか。

ヒトラーとサッカー。ヒトラー総統は選手たちにつれない態度をとったであろうか。それとも、目的意識的に相互に利用し合う冷徹な関係が目指されたのであろうか。あるいは大衆に人気のあるサッカーは、大衆に迎合する独裁者を助け、民族共同体の内的結合を強化したり、外国を欺く役割を果たそうとしたのであろうか。

サッカーとナチスの共演は、結局うまくいったのであろうか。

これまで公にされてきたサッカー協会やクラブチームの出版物の叙述を信用するとしよう。するとそこには一九三三年から一九四五年の期間に、異常なことは何も生じていないことになる。知りたいテーマはかする程度にしか触れられていないが、その場合、ナチスは、遠隔装置を駆使し、厳格に支配を及ぼす権力として描かれている。すべてはまるで暴風津波のように純粋無垢な選手や役員に押し寄せてきている。連盟や協会は、一見すると常に新たな支配体制が発する命令の犠牲者のように書かれている。公にされている年表によれば、ナチ政体への従順な姿勢は、チームの同僚であるユダヤ人選手の運命と同様に、たいていの場合叙述されていない。

「何もかも一九四五年以降に捨てられ、なくなってしまいました」。これがヘッセン州サッカー協会

（ＨＦＶ）兼ヘッセン州スポーツ協会広報担当者のロルフ・ルッツの回答である。このスポーツ協会の編年史が閲覧できるかどうかを尋ねられたときのことであった。資料はもう「ほんのわずかしか残っていないと思います、と答えている。

また、ドイツサッカー協会（ＤＦＢ）の場合も資料はないも同然です、というのがルッツの回答であり、さらに続けて、ドイツスポーツ協会（ＤＳＢ）にもほぼ何も残ってはいませんという。資料は意図的に廃棄されたのであろうか、もみ消すために。それとも極めて単純に、戦乱の日々の中で荒廃と混沌の犠牲になったのであろうか。

バイエルン州サッカー協会事務局長のハンス・ショイエラーによれば、「わからないのは資料がどこに消えてしまったのか」ということである。「バイエルン州・南ドイツサッカー協会の史料は、いずれにせよ一九四五年以降のものしか残ってはいません。『南ドイツサッカー協会六〇年』という題名の書物くらいしか参考になるものはないでしょう。一九五七年に刊行されている本です。しかし問題となっている一九三三年から一九四五年までの時期の記述は、『詳しくありません』」という。

そのとおりである。これは全部で二四八頁の書物であり、このうち、ヒトラー独裁時代の出来事を扱っているのは、わずか三頁だけである。そしてこの三頁こそは協会自身の歴史に対して批判的省察がまったく欠落している典型的な例となっている。三頁目は以下の文章で締めくくられている。「この期間の南ドイツサッカー協会については、付記欄に示した『解散時に』という項目でほんの少々扱うので、ここではこれ以上触れられない」(!!!) これは冗談か。続けてこう言っている。「その成果は技術を扱う箇所で別途記す」。

パウル・フリールルは、この期間を担当した著者であるが、南ドイツサッカー協会の会長を一九三三年まで務め、協会の最後の会長であり、その後第三帝国では高位に上りつめた人物である。即ち、バイエルン第一六大管区の「大管区スポーツ指導者」に出世をした。ヒトラー独裁時代のサッカーの役割が解明されなかったのは決して不思議なことではない。彼は名前を挙げようとはしていない。一例を示そう。フリールルの文章によると、〈南西ドイツ出身の男〉が、「帝国スポーツ指導者」の後がまに、ある志願者をあてた。しかし、その男の名前は「どうでもよい」、とフリールルは書いている。「サッカーとナチス、これはかなり暗い歴史であり」、「〈多くの歴史書の中でも〉とりわけ知られていないところ」である、とサッカー作家のハーディ・グリューネは総括をしている（グリューネ、一九五五年、九〇頁）。

本書の意図するところは、ナチスが一九三三年から四五年のサッカー史に大きな影響を与えたことを示す点にある。私たちがインタヴューし、この時代を証言してくれた人びとの中には、確かに「サッカーは、ナチスの権力者からの重大な介入なしに行われていました」という言葉を信じてもらおうとする人もいた。しかし、これは薄っぺらな見解にすぎない。事実はこれとは異なっている。ユダヤ人選手は苦しめられ、試合から締め出され、中には殺害された人すら存在した。有名な選手たちは利用され、ナチス政体の提灯持ちとして使われた。ドイツのナショナルチームが出場する国際試合は、〈攻撃的なドイツ〉像を宣伝する格好の機会として利用された。ドイツ自身は、スポーツが持つイメージを取り込み、それを隠れ蓑にしながら〈平和を愛している国〉である、という演出をしようとした。労働者スポーツは禁止され、同様に諸宗派の開催する体育も禁じられた。サッカー選手たちの練習は歪められ、軍事訓練に準ずるものに変えられた。これにより、模範的な〈スポーツ兵士〉の養成が目標とされた。大衆スポーツは狭い枠をはめられ、ナチスとその権威的イデオロギーに役立つ訓練に変質させられた。チームが活動を続けられるかどうかは、ナチスの好み次第であり、恣意的な問題になってしまった。

こうした背景を考慮に入れれば、マックス・シュメリングが国際オリンピック委員会のアヴェリー・ブランデージ会長に与えた一種の保証は、極めて青臭いものである。すなわち、シュメリングはベルリンオリンピックを前にして次のように語った。「スポーツは政治に関心をもたない」。この場合、スポーツとは球技のことであり、それはサッカーのことでもあった。サッカーのドイツナショナルチームは、一九四一年四月六日、対ハンガリー戦を行わなければならなかったが、このとき、帝国スポーツ指導者ハンス・フォン・チャマー・ウント・オステンは、このエリート選手たちに次のように伝えた。「皆さん、いいかな、フェアプレーでいこう。行く手にはどうやら歴史を画することが待っているようだ。この試合は単なるサッカーの試合ではない。それ以上のものである。それは、友情のデモンストレーションなのである」。彼が言いたかったことは何か。それは、ハンガリーがまもなく独伊の枢軸国側にたち、連合国に対して参戦することになるだろう、ということだった。

本書の意図するところの二番目のものは、サッカーの選手が、一体どの程度道具として利用されたのかを示すことにある。FCシャルケ04はどうだったのであろうか。ナチス支配下の一二年間で、このチームは六回優勝し、トップ選手としてエルンスト・クツオラとフリッツ・セーパンという両雄を抱えていた。また、ナショナルチームの選手たちやナチス独裁の広告塔の役割を果たした選手たちの場合はどうだったのであろうか。トップ選手たちはその多くが国防軍に徴用され、スポーツ好きの上司に恵まれた場合に限り、軍事訓練中にもかかわらず練習をすることが許された。なかには後に最前線に行き、ごく普通の兵士として勤務したトップ選手たちも存在した。また他の兵士たちよりも余分に休暇を与えられ、故郷に帰れる選手たちも多かった。あるいはスポーツの業績をかわれ、ナチスの組織で昇進をさせてもらった選手も何人かはいた。

「第三帝国時代のサッカー」というテーマに関しては、全体を概説する書物はない。ただ、この時代の歴史を扱った本やサッカー書籍は存在するが、これらはほんの一部分を取りあげているにすぎない。唯一、ドイツサッカー協会（DFB）が一九三三年から四五年までの出来事を編纂した年代記があるが、これはナチス時代の元幹部役員の手になる書物である。カール・コッペヘルは、一九四五年に著書を出版したが、戦時中はドイツサッカー協会の広報担当であった。別に驚くことではないが、彼もドイツサッカー協会のもつ極めて暗い歴史の一章にはほとんど解明の光をあててはいない。

ドイツサッカー協会は、今日までこの時代にまともに取り組んではこなかった。修辞学教授のヴァルター・イェンスは、すでに一九七五年に、ドイツサッカー協会結成七五周年の祝賀の席で記念講演をし、こうした態度に苦言を呈している。「今日、再度講演をせよと言われれば、まったく同様の講演をします」。このように、彼は一九九二年二月、本書のインタヴューに対して語っている。

二〇〇〇年一月、ドイツサッカー協会は結成一〇〇周年を迎えた。これを記念して協会は一九九九年秋、一冊の書物を出版した。六〇〇頁を超す書物であり、二七頁分が史料を加えられながらヒトラー時代を取りあげている。イェンスは、この書物が出版されないうちから、収められている論文は「アリバイで」あり、「一〇〇頁未満の論文はどれもみな不真面目である」と述べていた。

ドイツサッカー協会の項を担当した著者は、保守的なジャーナリストのカール・アドルフ・シェーラーである。彼は、問題の時期に対してはほんのわずかしか光をあてていない。いないばかりか、〈褐色（ナチス）の沼地〉の上に立ちこめる霧の中をただ突っつき回っているだけである。彼は個々人の運命は取りあげる。しかし、それは冷たい筆致である。彼はまたナチスの悪玉幹部の名前を挙げる。しかし、それは、まるでいやいやながらこなしている強化訓練のようだ。サッカー協会の罪には取り組んでいない。ナチスがサッカーをどのように道具として利用したのか、このことについても沈黙したままである。シェーラーは国際試合がプロパガンダだった、ということを書いていない。またサッカーが準軍事教練であったこと、（ヒトラーが権力を掌握した）一九三三年、幹部たちは旗をなびかせながらナチス側にはせ参じたことを書いていない。

ドイツサッカー協会を扱ったこの書物の序文等を見る限り、そもそもナチス時代を取り扱かおうとしたのかどうかまったく明らかではない。私たちは、サッカー協会を取りあげたこの書物の共著者の二人にインタヴューをしてみた。クラウス・コルツェンブルク（ドイツサッカー協会の広報室に勤務）とカール＝ハインツ・ハイマン（スポーツ専門誌『キッカー』の編集者）である。コルツェンブルクは一九九八年の秋に次のように答えている。「あの時代の扱いは統計資料の一部としてです。あの時代を別に扱う一章を設けることは予定していません」。また「個々の事実だけは掲載してもいいでしょ

「競技場を取り囲み、熱狂した３万人の観客は、選手たちの挨拶に手を挙げて応える」――このように、1934年、雑誌『サッカー』は、ベルリンの地方ダービーをとりあげたこの写真の下に説明文を入れた。

う。しかし、それ以上に引用したりすることは必要ないでしょう」。ハイマンもナチスに関する特別な一章を設定する必然性はないと考えていた。

ドイツサッカー協会は、どうやらハーケンクロイツ時代のサッカーにこれ以上向き合うのは苦手の人が多いようである。そして、この百周年記念刊行物は、さまざまなテーマを取りあげてはいるが、ドイツサッカー協会の歴史の中で、これまで述べてきたような複雑で、問題を孕んでいる一章には十分に頁を割いてはいないといっていいであろう。五五年間も沈黙してきて、いまになってわずか数頁で記念刊行物がこの問題に触れるというのは、どだい無理であろう。

本書の原題『ヒトラーのフォワード』(Stürmer für Hitler)は、サッカー界とナチズムとの〈共演〉に詳細に取り組んだ最初の書物であるだけではなく、当面、唯一の書物である。

研究の現状がこうして不十分であることを考えると、どうしても当時の新聞記事、サッカー選手たちの記憶、時代を証言できる人へのインタヴューにも立ち帰らざるを得なかった。こうして過去を紡ぎ取ることにより、いずれの場合にも、多くの情報を得ることができた。しかし、その分析には批判的に取り組まなければならない。というのもとりわけ証言者の感情や防御機能が結局は入り込んでしまうからである。したがって客観的な叙述というものが不可能になる場合もときには生ずる。にもかかわらず、証言には一定の資料的価値が含まれている。インタヴューに答えてくれた人びとの年齢がかさんでいくために、情報の入手の可能性がなくなる現在では、なおのこと価値があるのだ。ユダヤ人選手のギヨルギ・ブラウンシュタイン、スポーツジャーナリストのミヒャエル・シュタイン・ブレッヒャー、強制収容所の収容者であったフランツ・ブリュックル、そして元ナショナルチームのゴールキーパーのハンス・ヤーコプには、本書をつくる際にインタヴューをしたが、その後この人たちは故人となった。

ゲールハルト・フィッシャー、ウルリッヒ・リントナー

第1章　ナチスとサッカー——問題多き友情

「国家《ネイション》に、スポーツで申し分なくトレーニングした六〇〇万人分の肉体を与えてみよ。そのすべてが熱狂的な祖国愛に燃え、最高の攻撃精神をもつよう教育されたとしよう。そうすれば国家主義的《ナショナル》な国家は、必要となったら、そこから二年とたたぬうちに、少なくともある程度の基礎があるかぎり、軍隊をつくりあげるだろう」
（アドルフ・ヒトラー『わが闘争』、一九四三年、七七五―七七九版、六一一頁）

一九四二年九月、対スウェーデン戦で、ドイツのナショナルチームが負けたとき、「一〇万人の人びとが、沈痛な面もちでスタジアムをあとにした。かれらには、このサッカーの勝敗のほうが、ドイツが東部のある町を占領したことより、重要なのだ」と、ヨーゼフ・ゲッベルスが述べたと伝えられている。明らかに、サッカーは多くの人びとにとって、自国の軍隊の運命より、重要になっていた。そこで、ゲッベルスは、道徳心をこれ以上低下させないように、それ以後の国際試合の敗北を避けようという野心的な目標を定めた。彼が思いついた唯一の解決策は、恥辱にひたる期間がすぎたあとで、ただちにすべての国際試合を禁じることであった。しかし、ボールの丸さ【によって起こる試合結果の偶然性、予測不可能性】を克服しようというこの絶望的な試みは、その浅い歴史にもかかわらず、サッカーが歴史上達成した途方もない社会的重要性を示している。

サッカーの開始は、これに先立つこと約七〇年前のことである。ドイツのスポーツは、それ以前からあった体操は別として、一八八〇年ころからようやく行われるようになった。その当時は、一握りの人びとしかやっていなかったので、この奇妙な諸活動が観客を集めたとは考え難い。新鮮な空気に触れて競技を行うという思想は、一般の人びとにとって非常に馴染みにくいものであった。人口の大多数はぎりぎりの生活を維持するのに精一杯だったからだ。新しい動向を伝えたり、その知名度を上げるのに協力するようなメディアはほとんど存在しなかった。さらに、新しいスポーツ普及運動は、体制側、とりわけ保守的な国民主義的色彩を帯びた体操家たちから、かなりの敵意をもって迎えられた。このスポーツ運動が大衆化の段階へと発展するという見込みが、現実味を帯びてくるのは、第一次世界大戦が終わって、戦後の混乱がそろそろ静まり平常を取り戻しはじめてからだった。一九二〇年代に、特に若者が現代的なものへ憧れる傾向が広がるようになって、スポーツの普及に有利な環境がつくられた。スポーツはその後急速に発展し、その中でも、サッカーがまぎれもなくトップになり、大衆スポーツとしても、観客動員力のあるスポーツとしても、重要になっていた。ミュンヒェンのクラブチームの首位攻防戦は、あっという間に二万人の観客を集めるようになり、クラブチームにはとりわけ若者がなだれのように押し寄せた。

当然のことながら、この時期に、スポーツに対して道徳的健康的価値を求め、社会の発展のためにスポーツがもたらす結果について広く論議されるようになった。文学界のボヘミアンたちが、スポーツに突然示した関心を見れば、このテーマが、公の場で、どれほどの位置を占めたのかわかる。しかし、この場合、関心の的は特にボクシングだった。スポーツは、たしかに現代的な香りを持っていた。どちらかというと左派に属する人から、リベラルな人まで広い層に渡って、スポーツが、正真正銘ドイツ的であるというより、むしろイギリス的、アメリカ的なところに、魅力があった。その結果、ドイツで、スポーツは、反保守、反体制側の傾向を帯びるようになった。ベルト・ブレヒトや、政治的に非常に根無し草的なアバンギャルドであり、かつブレヒトの友人でもあるアルノルト・ブロネン【劇作家、表現主義、ファシズム、共産主義へと転向し時代に振り回された文化人の典型】などは、スポーツジャーナリストであるヴィリー・マイスルが編んだ本に、スポーツの意義について述べた短いエッセイを寄せた。この二人が賛美したのは、体操が健康に役立つと自己宣伝する組織的スポーツ普及運動とは逆に、スポーツが非ブルジョワ的で、暴力的であり、危険性を帯びている点だった。

サッカーはドイツ的か、非ドイツ的か？

スポーツ普及運動の発展は遅くとも一九二四年から、その規模と勢いを増し、否応無しに政治的にも重要にならざるを得なかった。この時期、スポーツ普及運動は、世界観が分裂していた。その中で、ブルジョワ側はかなり大きな会派を形成していた。ブルジョワ側では、社会主義、共産主義側のことをほとんど問題にしていなかった。なぜなら、社会主義、共産主義者たちは第一次世界大戦以前からあった労働者スポーツ運動で、自分たちのスポーツ組織をすでにつくっていたからである。

ブルジョワのスポーツ運動家は、自分たちを「非政治的」組織であると見なしていないかぎり、ほぼ初めから政治的にはむしろ保守的で国家主義的な傾向を持っていた。それでも、「政党政治的中立性」は、ブルジョワスポーツの伝統的原則でもあった。しかし、現実を見ると事情は少し違っていた。具体的に政治的態度を決定していなければ、世界観の表明ができなかったわけではないらしい。ドイツサッカー協会（DFB）で、一九二六年に起こった「国旗論争」は、この灰色の部分を少しはっきりさせてくれるかもしれない。DFBの全国議会で、【プロイセン帝国で使われていた】旧い黒白赤色の国旗を掲げるか、それとも【ヴァイマール共和国で】新しく採用された黒赤金色の国旗にするかという問題は、うまく解決された。つまり、最終的にはどちらか一方の国旗を掲げることを完全に断念し、旧い国旗を採用し政治的に右寄りであると事実上表明することから起こる問題を避けたのである。しかし、それは同時に、新しい議会制共和国の掲げる黒赤金の三色旗の採用に踏み切れなかったことを表わしている。

このようなドイツナショナリズム的基本姿勢は、初めは少し奇妙な印象を与えるかもしれない。新しく入ってきたスポーツ、とりわけ球技のほとんどは外国から、それも第一次世界大戦中のドイツナショナリズムのプロパガンダで使われた言葉を借りれば、「卑劣なアルビオン【イギリスのこと、大ブリテン島の古称】」伝来のものである。このようなことが、少なくとも当初広い範囲で見られた。それがわかるのは、一九世紀から二〇世紀の変わり目に、サッカーを「イギリス野郎のすること」と中傷しようとする有力者のことばが数多く残っているからである。しかし、それから間もなく、これらの新競技に国家を担う役割を与えようと、スポーツの分野で積極的なドイツナショナリストたちが行動を起こした。この動きは、一八九三年にスポーツ普及運動の会員による常任委員会の設置から始まった。この運動は、新しい競技が軍隊にとってどれほど役に立つのかという問題と関係していた。一九一三年に「ドイツ問題」【ドイツ統一の問題】を前進させ、DFBが軍隊に奉仕するということが問題になったとき、DFBも無関係だったわけではない。ある指導的な立場にいるDFB幹部は、「一九一三年に、『ドイツサッカー競技』は、男性的性格を形成し、勇敢な勝利の意志をもった規律ある学校と解釈している。彼は、イギリス生まれの競技に『ドイツ的本質の中身』を投影している。そして、サッカーをこの『本質』を維持するための国民教育の手段と捉えている」（ベルネット、一九七六年）。つまり、DFBは些細なことにとらわれず、結局はあまり労せずに、サッカーをドイツ元来のものであると表明した。

この試みが成功したこともあった。国防軍では、第一次世界大戦前に軍事教育で、陸上競技、サッカー、ラグビーなどによる一般的体育を兵士の戦闘力の向上に非常に役立つと考える近代化の流れがすでに存在していた。しかしながら、国家主義的《ナショナル》な人びとの間では、二〇年代に入るまで、どれだけ頑なにスポーツが拒否されつづけたかは、国粋主義的なドイツ体操家同盟（DTB）の幹部によって書かれた次のような記事の抜粋からわかる。「スポーツは、ユダヤ化した芸術、学問、文学などのように、緩慢に進行する毒なのだろうか？　スポーツに対して、ユダヤ教、イエズス会の教義、インターナショナル【国際労働者同盟】に対するのと同じように、厳しく制圧しなくてもいいのだろうか？　サッカーはドイツ的ではない。それはドイツの利益にはなりえない。ドイツの若者は、そのクラブチームから脱退するのだ。これは老人も同じだ」。

非ドイツ的スポーツを「ドイツ化する」、まさにそのジレンマに、ナチスもその後直面した。ナチスが広範囲の有権者層にできるだけ受け入れられようとすると、スポーツを原ドイツ的現象であると言い換えることが必要だった（しかし、それは、ことばそのものはギリシア語に由来するとすぐに思いつくのだが）。ナチスは、国家主義的《ナショナル》に振る舞う一方で、広い有権者層、つまりスポーツ選手たちにも開放的でなければならなかった。当初、非ドイツ的である「スポーツ」ということばを、「身体運動（ライベスユーブンゲン）」ということばがすでにあるために避けようとさえした。遅くとも一九三三年以降になると、ことばの抵抗はなくなった。スポーツという現象がドイツ本来のものであることを証明するために、『フェルキシャー・ベオーバハター』紙は、一九三三年三月四日付の基調記事で、われわれの先祖をわざわざ持ち出して、こう書いた。

「すでに昔からゲルマン人は自分の力を、投てき、跳躍、徒競走、競泳で測って、最も優秀な者を自分たちの指導者に選んだ。つまり、高い能力を得ようと努力するのは、ドイツ的特徴なのだ……」

一九一七年、すでに第一次大戦の敗戦が色濃くなったとき、ドイツ体育帝国委員会（DRA）が、カール・ディームの音頭によって創立された。そのとき、ディームは初代事務局長となった。「創立集会で、ドイツ式身体運動は『凌駕されない形態』であるべきだと主張された。『そうすれば、ドイツ民族は凌駕されないであろう』。ドイツ流闘争競技はオリンピック大会に代わるべきだろう」（ガイアー、一九九六年、二十頁）。ドイツ流闘争競技は、後に突撃隊の大きなスポーツ観戦行事となった。本来、「闘争《カンプフ》」ということばは、「ドイツ的スポーツ」を定義する必要が生じたときに、国家主義的《ナショナル》な傾向のあるスポーツ委員会幹部にとってだけでなく、ナチスにとっても中心概念であった。カール・

ディームなどは、ドイツのオリンピックの欠場について次のように述べた。「あろうことか、一九二四年の次期オリンピックは敵意に満ちた国フランスに変更された。それによって、国際オリンピック委員会は、すべての国家を招待するという本来の義務に思い到るべきだったのに、ドイツの参加を不可能にした。フランスの軍服を着たニグロが、ドイツのライン河岸に立っているかぎり、全世界に窓を開いている祭典だとしても、どのドイツ人がパリへ行きたがるだろうか！　われわれドイツ人にとって、闘争競技は、完全にオリンピックに等しい代償になったのだ」（ガイアー、一九九六年、一三頁）。

ディームにとって最悪の事実は、ドイツが黒人に占領されたと思われることだった。それはさらに強調されて国民的恥辱とまで言われた。ディームの見解は、ブルジョワ層のスポーツ委員会幹部の典型的な態度に見える。かれらの描く自画像は、軍人気質が色濃く現れている。であるから、戦争とスポーツから共通して連想されるものは多かった（ベルネット、一九八三年、七九頁以降）。そして、スポーツを「虐待された」民族の戦力強化に利用しなければならないという意見は自明のことであった。そのような発言を見ると、ディームが、後にナチスとの協力関係に使える基盤を見出したことは十分に想像できる。

ブルジョワのスポーツ運動がナチスと共通していたのは、基本的に報復主義的で攻撃的な傾向が強いという点だけでなく、スポーツが極めて高尚なものであり、共同体と祖国に奉仕するという考え方であった。

それは、サッカー関係者も同じであった。後にナチスのスポーツ委員会の幹部として指導的な役割を果たすグイード・フォン・メングテンが当初所属していた組織である西部ドイツ競技協会（ＷＳＶ）、つまりDFBの西部ドイツの地方組織では、理念にしばりつけられている感があった。それは、「『戦線』という共同体体験によって強化された帝政時代の『理想主義的』衝動を再び持ち出して、個人スポーツや、見せかけのアマチュアリズムに見られる実利主義的傾向、観客大衆の空疎な思想と戦って、具体化するというものであった。しかし、このようなわかりやすい活動を指導するWSVの幹部たちは、【ベルサイユ条約による】『屈辱感に満ちた平和』という積年の恨みやドイツ初の共和国を担う民主主義陣営に対する不信感で一杯になった保守的思考の兆しがあった」。スポーツ委員会幹部は、地方の経済産業界の指導者たちと協力して、「ドイツの『強力な経済の発展』によって『世界に再び承認される』ことに助力するという考えに没頭していた」(ベルネット、一五～一六頁)。

組織化されたブルジョワスポーツは全体的に見て、ナチズムの思想に対して偏見がないなどという程度ではなかった。その世界観の近さに、ナチスはすっかり惚れ込んでいた。それに応えて、スポーツの強制的同質化【一九三三年に開始されたナチスの一元化政策、ナチ党一党による高度の中央集権化のために政治、社会のあらゆる面に渡ってさまざまな法律が制定実行された】の際、人事上の変動は、他の分野に比べて少なかった。たしかに、ドイツ体育帝国協会(DRL、一九三四年よりスポーツの親組織で、前出のDRAの後継組織)や、後のナチス体育帝国協会(NSRL)の大管区【ナチス時代の行政区分】レベルでは、政治的に忠実な突撃隊や親衛隊に属している人びとだけが登用されたが、各種スポーツ協会、つまり「専門局」では、人事はほとんど例外なく従来どおりであった。

ナチス国防軍の人的資源としてのスポーツ

たいていのスポーツ組織の幹部がナチスとイデオロギー的に近い関係にあれば、それ相応にナチ党も、少なくとも表面上はスポーツ界に好意的に対応した。つまり、ヴァイマール共和国の政党すべての中で、ナチ党は、唯一「スポーツ」というテーマをあらかじめ基本政策に入れていた。これには二つの理由がある。一つは、ナチスは保守的で極端にドイツ的要素すべてを持っているにもかかわらず、同時に現代的要素を持った運動であると自負していたこと。もう一つは、スポーツは、ナチスのイデオロギーの生気論的基本構造と見事に一致していたからである。

ヒトラーは『わが闘争』で、「民族主義国家が前提としておかねばならないのは、たとえ学問的にはあまり教養がなくとも、肉体的には健康で、善良でしっかりした性格であり、決断力と意志力のある人間が、利発であってもひ弱な人より、民族共同体にはより価値があるということだ」と述べている。スポーツの理念は（知識人自身からもまた）、反知識人の文脈で捉えられた。スポーツ普及運動でもまたこのような理念がかなり広まっていた。一九二五年から一九二八年まで西部ドイツ競技協会（WSV）のゼネラル・セクレタリーだったグイード・フォン・メングテンなどもこのような立場をとっていた（ベルネット、二九頁）。

後にナチス体育帝国協会（NSRL）の帝国ディートヴァルト【国民教育指導者、もともとは国民が有するすべての世話人の意味】代理となるドイツ体操家連盟（DT）のヴィルヘルム・シュネーマンは、このような表面的な対立をうまく利用して、国民を「死活問題」から注意をそらす「本質的に異質な人びと」としてユダヤ人を次のように国民に告発した。「第一次世界大戦後のように国民にパンを与えることができない、あるいは与えるつもりがなければ、国民に少なくとも競技に楽しみを見出させ、日常を忘れさせればよい。このような事実だけが、肉体的なものに気持ちの上でより高いつながりをまったく持たず、もっぱら知的方面に優れたユダヤ人が、身体運動に特別の関心を寄せる理由を説明している」。このような思考の結果が特に皮肉だったのは、この記事が書かれたまさに一九三四年にサッカーの国際試合などが（外務省によって奨励され）、この「本質的に異質な」娯楽の目的に照準を合わせて、始まったことである。今日でもまだスポーツと知性を相対するものとして理解する傾向は広く通用している。それにもかかわらず、このような対立は作為的なものである。ブレヒトやブロネンが、スポーツに関心を寄せた最初の知識人でもなければ、最後の知識人というわけではないからだ。

ヒトラーが知的なものを拒否したにもかかわらず、彼自身は生涯にわたりスポーツ活動から著しく距離をおいていた。彼はあらゆる肉体労働を避けていたと言われている。ヒトラーの根拠は、「なんらかのあるスポーツで一位になれないのなら、そのスポーツに参加することさえ、自分に許可することができない」（クリューガー、一九七二年、三六頁）からだと言われている。確信をもってヒトラーを非難できないのは、彼が総統の原理にどんな状況でも忠実であったわけではないということである。しかし、ナチスが古代ゲルマン人をもう少し一貫して理想像にしていたとしたら、世間は、スポーツマンでないヒトラーを「総統」として受け入れることはなかったであろう。

サッカーに対して、ヒトラー個人は格別に理解を示していたわけではなかったようだ。しかし、彼は（自分のスポーツ部門の専門家カール・クリュメルなどのように）サッカーの利用価値を、特に若者に対する教育政策としての利用価値を理解していたのだろう。そこで、彼は一九三三年の夏に若手スポーツ選手のトレーニング課程を見学した。その中には、後のナショナルチームの監督となるヘルムート・シェーンがいた。

基本的にナチスはイデオロギーに強固に方向づけられた流れであったわけではない（それは、マルクス・レーニン主義などとはまったく反対である）。それゆえ、かれらのスポーツというテーマについての計画も終始一貫していたわけではない。これは、二つの相対する方向性があるためである。一つは、「民族の同志」から、あるいは「頼もしい男」から、一つの人間像を「養成すること」、つまり、その人間像には、肉体的なものが重要であり、集団の意志が「総統」に結晶化されるような「民族共同体」に適応する能力が重要であった。スポーツにおける最高の業績を求める努力は、それゆえ決して個々人の目標のためではなく、「若者の教育に関する最高の指導原理として、民族共同体という理念は、最善の道徳的義務と同位置におかれねばならない」。

二つ目の方向は、全国民の「戦力強化」、つまり特に若者を軍事的必要に応じて教育することであった。このような観点は、ナチズムにおいて、その当時のスポーツ政策、スポーツイデオロギーの絶対的中心となる基本原則である。それゆえ、ヒトラーは『わが闘争』で、確信をもって「健康な肉体の養成」は、彼が実現しようとする国家形態には必要なことであると述べている。ナチス国家はそれを信じる「民族の同志」から成り立ち、その同志は戦闘能力があり、その心構えもできており、愛国心と無条件の勝利への意志に燃え、ドイツのために世界の「支配人種」にふさわしい地位を勝ち取る運命にあると述べている。

ヒトラーは、はっきりと軍事利用を目的としたスポーツイデオロギーについて、『わが闘争』の中

サッカーと政治のダブルパス：「ブダペストのドイツチーム、ハーフタイムの興味深いシーン！　休憩時間にわが国の選手たちは、ドイツ帝国執政ホルティ提督のいる貴賓席の前にならびハンガリーの偉大な政治家にドイツ式挨拶を贈った。かれらの後方には、感激したブダペストの観衆が群がり、背筋を伸ばしてあいさつするドイツ選手たちとは対照的に、いきいきしたシルエットをつくっている。左から、ゾルト、レンツ、ウルバン、キツィンガー、ゾンライン、ゲレシュ、エルベルン、ヤーネス、ムンケルト、セーパン」『サッカー』誌、1936年。

で若者全員のスポーツ授業の義務化を主張して次のように述べている。「その際、その教育は大部分将来の兵役義務の予備教育となりうる。そうすれば、軍隊は若者に従来のような単純な教練規則の基本概念を教えなくてもよくなり、今日の意味でいう戦力として送り込まれた新兵を引き受けずに、むしろ肉体的にすでに申し分のない若者を一人前の兵士に専らつくり替えるべきである」。

スポーツを（ナチスが言ったように）「国民の戦力強化」に利用し、娯楽などのようなもののためには行わないという見解は、ブルジョワスポーツの選手の間では広く普及していた。この傾向は体操家の間ではとりわけ強かった。それで、ブルジョワ体操家の間では、一九三三年以前からすでに国防強化スポーツの必要が唱えられ、一部では実行されていた。

そのような軍人となるべきダイヤモンドの原石をどのように生産することができるのか、この点について一九二〇年二月二十四日のナチ党綱領第二一条が次のように説明している。「国家は国民の健康の向上に配慮しなければならない。その方法としては、法律に基き体操やスポーツを義務化することによって、身体鍛練を促進し、若者の身体育成に従事する諸団体すべてを強力に援助することである」。

それにもかかわらず、ナチ党は、基本的に「闘争組織であり、スポーツに対して特別理解が深いわけではなかった」（クリューガー）。スポーツの本質的内容、つまり、ナチスは、遊戯的な結果の見えないドラマを理解し認めることは決してなかった。かれらはスポーツの本質を「闘争」という決まり文句に短縮した。それは、例えば『フェルキシャー・ベオーバハター』紙の一九三三年三月四日の基調記事に頻繁に見受けられる。その記事は、ルートヴィヒ・ハイマンの手になるものだが、彼は、アマチュアボクシングのヘビー級で一八六〇年にドイツチャンピオンになった人物で、『フェルキシャー・ベオーバハター』紙、初のスポーツ専任編集者であった。「スポーツは若者を闘士に育て上げるべきだ」と彼は主張し、その理由を次のように述べている。「全人生は闘争の雑踏だ。つまり、さまざまな闘争が入り交じったものだ。民族間で行われる血なまぐさい競争、つまり、戦争にだけ、闘争が見いだされるのではなく、普通の私的な生活のいたる所で、同じように見出されるものなのだ」。

しかしながら、どうしてこの頁をフランス語のように響く化粧品の「クレーム・ムソン」の広告（「他の油性軟膏ではなく、クレーム・ムソンの深部浸透作用がざらついた荒れた肌をなめらかに若返させる」）

で飾らなければならないのか、このなぞを編集局は明らかにしていない。

ナチスの考えでは、スポーツは身体的だけではなく、精神的にも「生存闘争」に必要な前提であった。これは、言語にも反映していた。『キッカー』誌のジャーナリストであるハンス・ヨアヒム・ミュレンバッハやフリーデベルト・ベッカーらの後期の著書では、「サッカーという戦場の軍司令官」という表現が使われた。それは、単にナショナルチームのセンターフォワード(「突撃指導者」とも記述されている)のことである。

成果主義スポーツに代わる国防強化スポーツ

ナチズム運動は、来るべき国家に「かれらの創った国家の全体」を捧げるために組織されたのだとヒトラーは、『わが闘争』で書いた。しかし、ナチ党には組織化されたスポーツはこの意味では、存在しない。その理由の一つをポツダム大学スポーツ社会学教授ハンス・ヨアヒム・タイヒラーは特に次のように見ている。クラブチームやスポーツ協会は、「ナチ党の思想と非常に類似していたので、ナチ党は自前のスポーツ組織の創設を断念することができた」(タイヒラー、一九九一年、二九頁)。

ナチスの中で、スポーツを最も早く取り入れたのは、突撃隊(後には一部親衛隊でも)である。そこでは、前出のルートヴィヒ・ハイマンが一九二一年から、スポーツ教育係として活動していた。襲撃テロ組織としての突撃隊の役割から出発すると、当然のことながら、スポーツに対する態度は純粋のスポーツ協会のそれとは少し違っていた。突撃隊は、特に「国防強化スポーツ」の必要性を主張し、それは第一に格闘的団体競技、野外スポーツを意味していた。ヒトラー自身は、一九二六年の突撃隊

1933年3月19日ナチスドイツ最初の国際試合：ベルリンで行われた対フランス戦で、突撃隊が「補助警察」を務めた。

命令の一つで別の見解を表明している。ヒトラーは、突撃隊の主張に対して、格闘的スポーツを主にした一般的スポーツ鍛練計画を優先していた。そこで、突撃隊では、当初からとりわけ隊員を集めるのに有効な一般的スポーツ活動が行われていた。一九二七年には最高突撃隊指導部（ＯＳＡＦ）でスポーツ局が設立された。地方レベルではよく突撃隊は頻繁にその名を隠し、ドルトムントでは「レックス・スポーツクラブ」などと名乗っていた。ベルリンでは、突撃隊の隊員たちは、「ナチ党体操スポーツ部」という名称で、「ベルリン・ブランデンブルクスポーツ協会」と合併した。このときは、名前を隠ぺいする意図は前面に出なかったのであろう（タイヒラー、三二頁）。

突撃隊のスポーツは、特に一九二六年から一九三〇年の間盛んになった。それは、突撃隊が果たすべき任務が少ない時期であったからだ。その後、突撃隊は権力掌握に先手を打つため「政治的行動主義」にあまりにも執着しすぎて、スポーツにかける時間がなくなった。一九三四年に起きたレーム事件で、突撃隊が責任を取らされ、国防軍の圧力で権力を失って以後、再び突撃隊はスポーツに力を入れるようになった。それは、他の使命すべてを失い、国防軍の地位を危険にさらさない何らかの仕事が必要だからであった。

ナチスは、「国防強化スポーツ、あるいは一般的身体鍛練」の問題に対して取った態度と同じように、「高度の能力を要求する競技スポーツ」と「国際的スポーツ交流」の問題に対しても全体的には一貫した態度を取らなかった。かれらの立場は、（体操家や突撃隊の一部などによる）完全な拒否から、ヒトラー自身の立場まで極端に違っていた。つまり、ヒトラーは、一九三二年に、一九三六年に予定されているオリンピック開催の態度決定について尋ねられ、肯定的な答をした。つまり、彼はオリンピックに大きな関心があったのだ。それによって、これまでドイツ体操家同盟（DTB）によって決められたナチ党主流の方針に反対の立場をとったことになる。DTBは、ドイツ体操家連盟（DT）で一九世紀から二〇世紀の転換期以前に、ユダヤ人を体操クラブに受け入れてもよいかという問題が持ち上がったとき、すでにDTから分離していた。そのときは、公然と反ユダヤ主義を唱えたグループは少数派であった。DTは、この二つの協会の確実に大きな方であった。しかし、公然と国粋主義人種主義を唱えるDTBは、当時の国際的スポーツ交流に反対する点では、DTと同じであった。自分たちは優越民族なので、名誉回復のための決闘資格を持たない諸民族と優劣を比較されるのは、品位にかかわることだった。概して体操家たちは、競技スポーツに対してどちらかというと疑念をもっていた。かれらにとってより重要なことは、同じ考えをもった人びとの共同体であった。

しかし、一九三〇年から三一年あたりから、ナチスの状況は変わりはじめていた。『フェルキシャー・ベオーバハター』紙には、スポーツの成果がドイツ民族の優越性を証明すると、ますます讃えられた。一流のスポーツ選手が突如として賛同を得たのである。これは、さらに進んで、ハイマンの手による前出の基調記事の次のような推賞文にまでなった。「スポーツを職業に選んだ一流選手は、引き続きスポーツ規定に従い、実際に手本となるべく実践しているかぎりは、それを妨げられずに遂行できるようにすべきである」。しかし、スポーツ政策を決定する人びとの合意では、国防強化がスポーツ至上の目標であり、スポーツは民族共同体に奉仕しなければならないということだった。

このようなむしろ素朴とも言える考えを基盤として、グイード・フォン・メングテンは、一九三五年ごろから、フリードリヒ・ヤーンを崇拝の対象とする公のスポーツイデオロギーのようなものを打ちだしはじめた。その際、ヤーンの、部分的にではあるが、事実存在する国粋主義的な思想が特に尊重され、「ヤーンは当時から人種力の維持を注意深く監視するよう要求していた。当時すでにそうすることが民族の義務だと見抜いていたのだ。民族の義務とは、血統のもつ能力と民族の純粋性を、いわゆる人類の混沌へ転落する危険から守ることである」(『ライヒスシュポルトブラット』紙三号、一九三六年八月二十五日)と書かれた。民族の必要不可欠な統一は、特にある種の強い世界観を通して、つまり、「無制限の権力行使」とよばれるナチズムを通して到達されるはずだった。なぜなら、それは「全か無か」しかないからである。そのような世界観に、スポーツも当然のことながら従わなければならなかった。そして、「民族統一思想と一元的なナチズムの意志」に同調しなければならなかった。それは、組織的にも行われた。つまり、スポーツは国家スポーツとなったのだ。これは、ドイツ体育帝国協会が、ナチス体育帝国協会に改組したとき、後戻りせずに明白に実行されたようだ。

ヒトラーお気に入りのスポーツ

さて、スポーツの全種目がみな同じように、ナチズムの思想の産物を表現したり、伝達したり、あるいは新しい権力者たちの政治目的を果たすのに適しているわけではなかった。体操は、国家主義的《ナショナルな》人種差別的伝統に基づいて、申し分なく「ドイツ的」身体運動に入れられた。しかし、その一方、体操にはナチスのスポーツイデオロギーの理論家たちにとって崇高である闘争的なものがまったく欠けていた。競争、とりわけ外国との競技を体操家たちは強く拒んでいた。また、体操は対抗するものどうしが直接戦うことはなかった。そして、わけても競技中に共同体を一緒にまとめてしまうチーム競技がもつ相乗効果が認められなかった。そのため、体操競技の重要性はナチのプロパガンダでは最終的に下位におかれた。

ナチズムは、国家主義《ナショナリズム》の要素すべてをもっていたが、革命的で、現代的な運動であると自負していた。例えば、技術革新に対してますます関心を高めていた。これは、右翼陣営から見ればまったく理解しがたいことだった。このような背景を前提にすると、スポーツを受け入れた状況も見て取れる。闘争的な要素がまったく欠けていたにせよ、モータースポーツは、ナチスのお気に入りだった。かれらはこの分野でさらに自前の組織、ナチス運転者団を結成して、このスポーツをあらゆる面で援助した。それに応じた成果もなかったわけではない。

モータースポーツはさらに（軍によって同じように推進されたグライダーとともに）軍事目的に直接導入でき、したがって、ナチス国家でスポーツに割り当てられた使命を理想的な形で果たした。さらなる要因は、ヒトラー自身が、自動車に魅了されていたことであろう。自動車は、サッカーなどのような他のスポーツ種目にはない魅力をもっていた。全ドイツ自動車クラブ（ＡＤＡＣ）首脳部を帝国宰相官房に招いた折に、ヒトラーは自分が長年ＡＤＡＣの会員であることを自慢した。しかし、ナチスによるモータースポーツの促進は、別の視点から見ると、さらに興味深い点がある。それは、モータースポーツは、自動車産業界の直接的な支援がなければあまりに費用が高額なので、実現化しなかった。ナチスが他ではあらゆる機会に広めていたアマチュア主義の原理に従うと、このようなモータースポーツは裕福な家庭出身の「自前の車で出場するカーレーサー」だけが出場可能なことだったろう。それ以外の普通の「民族の同志」は排除され、そのことがモータースポーツをイデオロギーに反した怪し気なものにしたことだろう。テストドライバーは、時宜にかなっていたので、認められた。これは、スポーツの分野において数少ない例の一つである。この時、権力者たちは驚くべきイデオロギーの柔軟性を見せた。

他のスポーツ種目でもアマチュア主義に十分違反した事例はあった。それは、ボクシングで、プロボクサーのマックス・シュメリングが獲得した勝利の数々がナチスのプロパガンダとイデオロギーに利用されたときである。ボクシングは純粋の格闘技として、ナチスの描く人間像をほとんど理想的に表現した。極めて人気のあるヘビー級チャンピオン、マックス・シュメリングの数々の成功は、ボクシングを「ドイツ的」なもの、ナチ的なもの（「マックス・シュメリングの勝利、それはドイツの勝利」）とこじつけるためのさらなる促進力であった。これに加えてヒトラー自身がこのスポーツに大いに関心があった。次の発言がそれを証明している。「ボクシングほど、攻撃精神を助長し、電撃のように素早い決断力を必要とし、鋼のように強靭な敏捷性を持つ肉体を育成するスポーツはない。二人の若者が意見の相違をこぶしで戦いぬくほうが、研かれた鉄の棒で決着をつけるより粗暴ではない。攻撃をうけた者が攻撃した者から逃げて警官を求めて叫ぶより、こぶしで自分自身を守るやりかたのほうが下品ではないのだ。（中略）われわれの上流知的階級全体が、かつて上品な礼儀作法だけを教育されず、そのかわりに徹底的にボクシングを習っていたならば、娼婦のヒモや脱走兵、またはそれに類するならず者たちによるドイツの革命は決してありえなかったであろう」（『フェルキシャー・ベオーバハター』紙、一九三三年三月四日）。

サッカーとナチズム――矛盾した関係の始まり

サッカーは、適性の点では、ナチスのプロパガンダにとって必ずしも受け入れられやすいものではない。その障害の一つは、ヒトラーが（ボクシングやモータースポーツとは違って）サッカーに関心をもたなかったことである。それどころか、一九三三年以後、サッカーでまぎれもなく不愉快な経験をしたと言われている。さらに否定的な要因は、サッカーが、ときおりはっきりと戦闘的な試合になることはあっても、第一印象では遊戯であり、闘争のように見えないからである。サッカーは、その場その場で、戦闘的要素も、遊戯的創造的要素も許容する。

しかし、それにもかかわらず、サッカーは、ドイツ国民を「戦力強化」する道具として使うために、スポーツが必要とする特徴をほとんどすべて具現していた。カール・クリュメルは、他でもある役割を演じることになっているのだが、軍事スポーツの重要な専門家のひとりであった。彼がナチ党に入党したのは、一九三七年になってからのことであるが、それでも、二〇年代初期からナチズム、ここではとりわけ突撃隊（彼は突撃隊少佐だった）の恩恵を受けていた。彼はヒトラーのスポーツ政策に関する見解に影響を与えた。それがナチスの間でも遂行されることになるのは驚くべきことではない。サッカー（とラグビー）が軍人教育に適していると、クリュメルは（一九三三年ごろ）次のように評価している。「それらのスポーツは軍人にとって最も貴重な能力を育む。つまり、器用さ、敏捷性、腕力、スピード、忍耐力、ならびに冷静さ、攻撃精神、決断力、判断の速さ、規律遵守、仲間意識、団結力、その他に、自分だけでなくチームのためにひとりひとりがもつ責任感を育むのである」。このような「軍人的なスポーツ上の態度、志向」を全国民に普及させ、「国防意識をそれだけ国中に根付かせる」意向だった（ユーバーホルスト、一九七六年、三八頁）。そして、それがまさに世界に第二次世界大戦で大量の死者を出すことになるナチス拡大政策の前提であった。

基本的にはっきりしているのは、サッカーが前で触れたような諸目的を果たすのに利用できるということである。しかしながら、それはどのようにサッカーを普及させるか、どのような符丁をつけるかによる。南米でその傾向が強い遊戯的軽妙さやボール操作技術を強調することもできるだろうし、このイメージが成功する見込みが薄いとは言い切れない。しかし、クリュメルの分析によると、サッカーはその本質からして、ナチズムのイデオロギーにまったく矛盾するわけではない。特に、ドイツ・サッカーの伝統的な特徴、今でもまだ頻繁に見られる特徴、すなわち「闘争を優先する試合運び」と解釈すればであるが。その際実際に達成したかどうかはあまり重要ではなかった。

サッカーのもつ闘争的な特徴だけでなく、クリュメルによると、サッカーが助長するチームに対する責任感は、「戦力強化」のために利用し尽くすには理想的である。しかし、このような価値観は、チームを「民族共同体」の象徴と位置づけると、ナチイデオロギーを知らぬ間に浸透させるのに最も適している。さらに、サッカーは、まぎれもない競技スポーツであり、勝利と敗北の間には深い涙の谷が存在している。それゆえ、国際試合を二国間の戦争の予備段階としてとらえ、スポーツ上での勝利を自国民の優越性の証明として解釈する。これは至極当然なことではないだろうか？　ナチスは(今日の多くの現代人も程度の差こそあれ率直に認めてしまうことだが)、このような誘惑に逆らうことができなかった。しかし、それが、予定どおりの勝利を伴わなければ、嫌応なしにいいわけを要する窮状に陥った。そして、結果が予想を裏切ると、国家の破局がそれだけより深刻であった。最終的な結論では、定義上絶対にありえないことであったが、破局はドイツ民族の劣等感の証拠であろう。

イデオロギーの利用に加えて、サッカーの計り知れない人気を、大規模な大衆スポーツ・観客動員力のあるスポーツとして考えると、ナチスは、サッカーのような一つの現象を見過ごすことはできなかっただろう。より不思議なことは、サッカーが、より好戦的に、より明確に、イデオロギーで説明されなかったということである。ジャーナリズムは、このとき、ジャーナリストが高揚感を煽る戦場報告のやり方で、サッカーの試合を描写し、その際戦争・戦闘用語を派手に使うことによって、だいたいはイデオロギーを暗示する程度にとどめていた。しかし、イデオロギーにさほど利用されなかった理由は、たとえ公式の教義にそぐわないことであったにせよ、平凡な「民族の同志」を心理的にイデオロギーによって負担をかけすぎないよう、サッカーを現実から逃避する場所として残しておこうとする意図があったのかもしれない。

ここで重要なのはもうひとつの側面だ。サッカーは客観的に計測できる身体能力が勝敗を決めるのではなく、何回ボールがゴールラインを割るかということだけで決まる競技である。しかも、どのように試合が行われたのかはどうでもいいことなのだ。だから、よく引用されるボールの【予測不可能な】丸さのおかげで、試合結果の範囲は広くなる。ナチスポーツ指導部が計画したオリンピック大会でのサッカートーナメントを勝ち抜く試みは、周知のように失敗し、かなりみじめな結果で終わった。後の社会主義政権の独裁者たちが、陸上競技や競泳などのより計画どおりの結果が得られるスポーツ種目に、方針をほぼ一貫して切り替えたのも不思議ではない。

「気高い」アマチュアか、「貪欲な」プロか?

スポーツは国民と共同体に対してどのような使命を果たさなければならないのかという問題と関係しているのは、プロスポーツの認可をめぐる論争である。この理念が二〇年代初めて登場して以来、プロスポーツの問題は熱く論争されつづけていた(それどころか七〇年代にまで及んだ)。二〇年代初頭、サッカーは総じて職業選手を養うのに十分な人気がある数少ないスポーツだった。サッカーはすでにその当時世間で非常に大きな影響をおよぼすスポーツで、日刊紙のスポーツ欄の大部分を飾っていた。スタジアム建設が始まろうとしており、トップチームどうしの対戦では、観客は優に三万人に達していた。そこで、職業サッカーの問題はスポーツ政策を議論する場合には、優先的なテーマにもなり、このテーマは広く熱心に議論された。今日当然のことながら疑問になるのは、数人の一流選手に支払われようという金額が、たいていかなり小額なのに、なぜそのような激しい論争をひき起こすのかということである。さらに疑問なのは、この論争がドイツでなぜ特に遠慮会釈なく戦われたのかということである。その答は、このテーマが表面的に論じられただけだったからである。実際は、まったく別の世界観をもつ二つのグループが対立していた。それは、理想主義的非合理的伝統に則った共同体のつくった未来図と、近代的、自由主義的共同体のつくった未来図との問題であった。この対立は結局ヴァイマール共和国の政治的対立全体を反映していたのだ。

純粋のアマチュアリズムを主張する人びとの中には、国家主義的《ナショナルな》保守グループ全体が、国粋主義的な人びとと、この中にももちろんナチスも入っていたが、連立していた。どちらかというとカトリック的傾向のある『大ヘルダー会話事典』までも、一九三五年版で「スポーツ」の項に次のような文が見られる。「現代スポーツの発展は、部分的にとりわけ魅力的な種目では、金銭の影響により、身体運動の本来の意味に反したさまざまな方向に分かれてしまった。そのため、スポーツから競技活動の本質的特徴が失われ、それによって本来の価値までも低下した」。

このような問題で、労働者スポーツ普及運動に支持された共産主義者や社会主義左派は、反資本主義という点では共通しているので、自分たちの最も憎むべき敵と少なくとも文書の上では一致していた。しかし、「大資本」は、グレーゴルとオットー・シュトラサー兄弟、エルンスト・レームのようなナチス左派の人びとにとって、人種差別的、つまり反ユダヤ主義と考えられていた。スポーツに関して言えば、労働者スポーツ選手は、国粋主義者たちと同じように、記録更新を目的とした競技思想を拒否した。これは、彼らにとって労働者の思考を毒する資本主義精神であった。しかし、国粋主義を核とする国家主義者《ナショナリスト》たちは、スポーツと資本主義の類似性を一貫して認めていたわけではなかった。事実上、ナチスの指導部は、大企業の援助が証明するように、資本主義に対してまったく異なった関係にあった。

左翼と極右の間にあった反資本主義という共通点が見かけにすぎなかったように、労働者階級とブルジョワのスポーツ観は基本的には別々の動機に基づいていた。労働者スポーツ選手の見解では、スポーツは各国民のビジョンのためにあるのではない。国際主義、つまり労働者階級の国際的な連帯のためにあるべきだ。それに従って、国家を代表する人びとが出会うスポーツ競技は国家間の戦争と同様に否定された。まさにそのような態度は、ブルジョワのスポーツ普及運動に対する彼らの自己証明を意味した。そして、彼らが言うブルジョワのスポーツ普及運動には、貴族的傾向のある「オリンピック主義」も含まれていた。確かに、オリンピック運動は民族間の意思の疎通とアマチュア精神をその旗に掲げている。しかし、労働者スポーツ選手はこれを単なるラベルの貼り替えと見なさねばならなかった。彼らの目から見ると、競技、記録、メダルが重要視されていたからである。

このようなスポーツ理想主義者たちとまったく反対の位置にいたのは、実利主義者たちであった。かれらの中にも、コスモポリタンで『キッカー』誌の創設者であるヴァルター・ベンゼマンのように、サッカーのプロリーグに反対する人びとがいた。イギリスサッカーの熱狂的崇拝者であるベンゼマンは、ドイツサッカーのプロ化に反対する理由をイデオロギーではなく、実利的な面から説明した。経済的、社会的状況の問題の多さを考えると、この時期ドイツで職業サッカーが成功する見込みはない。クラブチームは早々に破産の憂き目を見るであろう。

実利的に考えていたのは、もちろん、スポーツの世界で明確で開放的な状況を望んでいるプロ化の賛同者たちも同様だった。彼らはだいたい自由主義層の出身者で、現代的なものや市場経済を肯定的に捉えており、旧式の状況を克服しようとしていた。このような姿勢は、文学や芸術の分野でも「新即物主義」として知られている。スポーツでこの姿勢を特に一貫して代表したのは、当時有名だったスポーツジャーナリストのヴィリー・マイスルだった。彼も人間が歓喜と理想主義で営む本当の意味でのアマチュアスポーツを評価していた。しかし、彼はこれが現代社会におけるたった一つの形態ではありえないだろうという見解をもっていた。大衆は、「創造的な競技がその場で繰り広げられセンセーショナルな行為を目にして、無味乾燥な泥臭い日常から切り離される」（マイスル、一九二二年、四九頁）ことを知ってしまえば、競技場に柵をめぐらし、入場料を徴収することを思いつくのは容易だ。このとき、マイスルにとって、サッカーの基本的特徴を利用できる職業サッカーがはじまったのだ。重要なのはこの事実をも公表し、それにふさわしいプロチームをつくり上げることだった。

国際志向のマイスルは、しかし、スポーツは「祖国への奉仕」であるというテーゼにはっきりと反対の立場を取っていた。そして、中身のない情熱だけの反対陣営を非難した。彼の意見では、スポーツは結局「それ自体のために行われる」ものである。そうであれば、スポーツが高尚な目標のためにならなくても、職業スポーツは、現代の市場経済に彩られた社会では何ら非難されるものではありえない。したがって、職業スポーツはとりわけまやかしの「偽アマチュアリズム」を排除し、それによって真っ当な状況をつくり出すのに肯定的な効果をもっている。

ちょうどその頃サッカー界では、袖の下がまかりとおっていたにもかかわらず、ドイツサッカー協会（DFB）はアマチュアスポーツ擁護の立場をはっきりと打ち出し、指導原理を一九二二年の全国大会で言われたことを綱領化にもして、この態度を明確に表明した。「スポーツは自己目的ではなく、理想となる目的に達するための手段である。つまり、若者を団体スポーツ、とりわけサッカー競技の道徳的な方法によって、有能な性質をもつ人間、役に立つ人間に教育する目的のための手段である」。さらに一九二三年にDFBは「退廃現象に対する闘争」というスローガンをプロ化に反対して持ち出した。しかし、それと同時に、DFBは非常に興味深いことだが、ある種の先見の明を証明して、二重戦略を使いつづけた。つまり、「職業選手」を「もはや否定できない」時期になると、自分たちの管理下に引き入れた。DFBは、もし競争組織から身を守るために必要になったときには、この影の部分に目をつむるのに十分な権力意識をもっていた。しかし、カール・コッペヘルの、職業サッカーは「くだらない現象」であるという一九五四年の証言を代表的なものとすると、その影の部分は、非常に大きく深かったにちがいない。DFBは二〇年代を通じて、プロサッカーを断固として拒んだ。一九二三年にドイツのクラブチームに外国のプロチームとの試合を禁じはじめた。クラブを移籍した選手は、三カ月の出場禁止となり、外国人の場合は一年となって、選手が移籍する利点がないようにした。

規則がたとえどうあっても、数多くのサッカー選手は自分のクラブから金銭を受け取っていることは誰もが知る秘密であった。クラブチームは観客動員数の上昇によって、潜在的経済力を所有していた。サッカーはブームをむかえ、スタジアムがあふれんばかりになったのは珍しいことではなかった。

偽アマチュアリズムをずっと維持していくことはできなかった。まず、FCシャルケ04が問題になった。一九三〇年八月二十五日西部ドイツ競技協会の審査判決が下り、多くのシャルケの選手たちが職業選手と見なされ、その結果、出場禁止処分を受けた。クラブの幹部も停止処分となった。しかし、この処罰は、スポーツ世論の圧力で三カ月後に取り消されたが（シャルケ04の章参照）、この問題は依然として残った。すなわち、一流のサッカー選手はプロとしてプレーすべきなのか、アマチュアとしてかという問題である。

一九三二年にはこの決定をもはや先延ばしにできなくなった。南ドイツである私的団体が結成された。かれらは自分たちが管理して、プロの試合を手配しはじめた。また、西部ドイツ競技協会が、職業サッカーとアマチュアサッカーとの「明確な線引き」をはっきりと決定するよう要求した。その結果、一九三三年一月にDFBはプロの試合を執り行えるようにする具体的計画を提示するように求められた。しかし、この計画は、コッペヘルが一九五四年のドイツサッカー協会年史で書いているように、「上層部」で、アマチュアリズムのみが求められたので、再びお蔵入りとなった。ヒトラーの権力掌握後、スポーツ協会が先行して行った自発的強制的同質化の過程で、幹部たちは新しい権力者のスポーツ政策上の願望を言葉の端から読み取った。この問題に関してかれらは、とりわけ喜んで実行したようだ。かれらはできればやりたくなかった決定を一斉に行った。

ヒトラーの権力掌握で明らかになったのは、職業選手が存在してはならない、公式的には純粋にアマチュアのみが存在すべきであるということだった。当然のことながら、事実はまったく別であった。サッカーは政治上プロ化した。つまり、国家的援助をうけ、さらに「ヴァイマール共和国」で止めていたことまで続けてもよくなった。ナチスは多くのクラブチームが自分の選手たちに報酬を支払うことを容認したのである。

これによって、ある程度かれらは職業スポーツの賛同者たちの重要な論拠の一つに屈服したことになる。例えば、マイスルは純粋なアマチュアリズムが必然的に偽アマチュアリズムを生み出すことになるからと言って非難しただけでなく、純粋なアマチュアリズムが社会的に存在しないと見なしたので、反対の立場を取った。彼は、アマチュアイデオロギーの起源が一九世紀のイギリスにあり、当時スポーツがとりわけ裕福な「ソサエティー」の成員によって営まれていたことを証明した。アマチュア条項は、したがってスポーツを純粋に趣味として行える余裕がなく、家族を養うためにお金を稼がなければならない人びとすべてを排除することによって、スポーツを特定の人びとに限定する以外の何ものでもない。それで、彼は、その当時、高額費用の支払いと時間の余裕が必要な一流のスポーツをやるゆとりのあるのは富裕層のみであると考えた。

その証拠となる事実も、もちろん伝統的に大ブルジョワや貴族から構成されているオリンピック運動との関係、およびその原理的アマチュアリズムの姿勢から見ることができた。すでに前で触れたように、この運動は、民族間の意思の疎通やアマチュアリズムなどの理念と際立った能力主義思想、競技思想を統合しようとした。このような矛盾に加えて、オリンピック委員会の幹部たちは、彼らの崇高な目的が、政治のもたらす現実に、たとえ矛盾していると思われたとしても、依存していることを知っていた。一九三六年のオリンピック大会のいきさつや、オリンピック大会自身がその代表的な例である。

オリンピックの平和の鳩が戦争へと向かう

ドイツでナチ党支配がだんだんと現実的なものとなってきた「一九三一年に、第十一回オリンピック大会の開催地がベルリンに決定したときから一九三六年の実施までの間、ＩＯＣが危険にさらされていると見ていたのは、クーベルタンの崇高な『理念』ではなく、華々しいオリンピック大会運営組織のほうであった」（ガイアー、四二頁）。一九三二年にナチ党が帝国議会で第一党に躍りでたとき、ナチ党の国際的スポーツに対する態度は、まだ体操家たちのように、国粋主義的で閉鎖的だった。『フェルキシャー・ベオーバハター』紙は、一九二八年にドイツ人が「『ユダヤ人』や『アーリア人でない人種』とどんな試合をすることも拒否した」し、後には、組織委員会に要求して、「黒人は排除されねばならない。それをわれわれは期待している」と述べている。別のナチスのある書き手は、オリンピックの参加者で軽蔑すべき人びとに、「言葉を切りつめて『ユダヤニグロ』という名称を」（ガイアー、四二〜四三頁）与えた。

すでに触れたようにヒトラー自身は以前から常に、とりわけ突撃隊の一部に根づいていたような排他主義や戦力強化スポーツの「純粋の教義」とは、いくらか離れた態度を取っていた。ヒトラーはスポーツによる一般的肉体鍛練に対して、すでに以前から賛成を表明していたので、一九三六年のオリンピック大会の実施に必要であれば目をつぶることに、あまり問題はなかった。しかし、そうすることによってヒトラーがどんな理由があったとしても、彼の教条主義的な信奉者たちを離反させてしまう一抹の危険があった。ヒトラーは、結局完全に一八〇度の政策転換を実行し、オリンピック大会に本当に感激するよう命じた。

一九三六年のオリンピック大会はとりわけナチスの外交政策が背景にあったと考えられる。ナチスは、「新生ドイツ」が無害であることを外国に納得させ、結局第二次世界大戦をひき起こしていくことになる拡張政策を妨げられずに準備しなければならなかった。軍隊局【ベルサイユ条約後解体された参謀本部の後継組織】長官は、ある報告書で次のように書いている。「われわれは目下戦争することはできない。われわれは戦争を避けるためにあらゆることをしなければならない。たとえ外交的敗北という犠牲を払っても。われわれは敵を不必要に刺激し、自国民を酔わせる戦いのファンファーレを吹かないように用心しなければならない。粘り強く、忍耐強く、用心深く働き、われわれの防衛力を強化し、国民を厳しい時期に備えて、準備させなければならない」。ヒトラーも一九三三年十月に、ドイツは「外交的に不利で難しい状況にある」と断言した。

ナチスドイツは、したがって、自国の軍備拡張政策をプロパガンダによって隠ぺいしなければならなかった。最終的には国防軍を戦闘可能な状態にしたかった。つまり、国民皆兵義務の導入は、ベルサイユ条約に計画的に違反し、それを修正するための一歩であった。それに加えてヒトラーは非武装地帯のラインラント侵攻によって、拡張政策の第一歩を進めた。ドイツに対して外国とりわけフランス、イギリス、興味深いところでは、当初イタリアでも不信を抱いたが、最初の数年はできるだけ不信の念を抱かせないように配慮された。しかし、そのためにはプロパガンダの場が必要であった。それに適した理想的な場所がまさにオリンピック大会であった。帝国宣伝指導部は、それゆえ次のようにオリンピック大会の価値をまとめている。「われわれの使命は、ドイツが安定しており、秩序があり、安全であり、ドイツ国民が心から平和を望んでいると外国に納得させることである。このような意味で、われわれの目前にあるオリンピックは、全世界に説明するまたとない機会である。われわれは、オリンピックのこの一週間で外国に証明するつもりである。ユダヤ人迫害がドイツでは日常化していると、外国でいつも繰り返し言われていることが偽りであると」（クリューガー、一九八頁）。

オリンピックは、可能なかぎり多くの外国人来訪者を国に集め、かれらにナチスのプロパガンダが意図するドイツを披露するまたとない機会だった。宣伝相ゲッベルスは全国民に呼びかけて、「来週から、われわれはパリの人びとよりチャーミングに、ウィーンの人びとより親切で、ローマの人びとより愛想よく、ロンドンの人びとより社交的で、ニューヨークの人びとより実際的にならなければいけない」と述べた。この演説や他の対策がねらいどおりの効果をあげ、大会は、外国の報道機関の一部による非常に批判的な報道はあったものの、来訪者の間ではプロパガンダの成功となった。それで、ゲッベルスは世界中の報道陣を集めて、ドイツはオリンピック大会を利用して意図的に自国の利益のための宣伝を行っているという非難に対して、強く反論した。「そうではないと、私は皆さんに確約できます。もしそうであれば、私がそれを知っているでしょうに」と言って、「明るい雰囲気を勝ち取った」（『ミュンヒナー・ノイエステ・ナッハリヒテン』紙、一九三六年、八月一日）。

フランスの報道は、特に右寄りの報道は、おおむね非常に詳細に、そして大会運営組織やその祭典に感激した様子で報告した。ドイツの競技者たちの運動能力を賛美し、一部ドイツのスポーツ促進体制を導入するよう要求するものまであった。しかし、それと並んで、大会の政治的目標設定が部分的に厳しく批判されたが、これは特に左寄りの新聞雑誌によるものだった。『パリ・ソワール』紙特派員が、批判的な記事を書いた後、宣伝省から閉め出されることまであった。イギリスの新聞はこれに対して大会についてほんのわずかしか伝えずに、プロパガンダの影響を最小にとどめた。その報道は政治面に集中したので、著しく批判的だった。

もちろん、政府によって団体で招待された人も含むイギリスの来訪者たちと報道機関との間では、ドイツや大会についての評価は大きく違っていた。これは他の国々の来訪者にも言えるであろう。その結果、実際のプロパガンダが成功したのは、健全な国であると丸め込まれ、その印象をそのまま伝える素朴な外国の来訪者に対してであった。オリンピック観戦にやって来たたいていの旅行者は「ヒトラーの帝国で何が現実で、何がナチスの演出なのかほとんど区別できなかった（中略）彼らは、経済的に衰退し限りない大量テロを行う国に足を踏み入れるのだろうと予期してやって来たのに、かれらの思い描いていた定番に合わない状況に突然直面してバランスを失った」。それで、イギリス、フランス、アメリカ合衆国の大使館は、すぐに「どうして市民にこんなに長い間、『ドイツの真実』だと思われたことを伝えずにいたのか、その理由を知ろうと殺到する市民から、もはや逃れるすべを知らなかった」（『シュピーゲル』誌、一九八六年三一号、一一九頁）。

少なくとも政治部の特派員を送っている外国の新聞はナチスの偽装工作を暴露したので、国際的抵抗運動はわずかではあるが部分的成果をあげた。つまり、多数のスポーツ選手が大会をボイコットしたのである。この運動のおかげで、ゲッベルスは、彼の苦労の結果が失望に終わった責任をとった。「三年間にわたる長い影響は三週間では決して訂正することができない」（クリューガー、二三六頁）。それにもかかわらず、ゲッベルス率いる宣伝省は報道機関に内々に、ドイツ国内の世論だけでなく、身内である国家委員会、党委員会に対しても、宣伝の成功を伝えた。

つまり、ナチス国家は自分のプロパガンダを信じていたということから話を進めることができる。これは、報道の反響についてだけでなく、ドイツアスリートたちの競技の成功についても言える。ヒトラーは、イギリスの芳しくない大会結果から、「有事に際して、そのような国家からはほとんど何も期待できない」と結論づけたのだが、このような発言は、ナチス指導層内の風潮としては極めて典型的に思われる。もし、これが事実だとしたら、一九三六年のドイツアスリートたちの競技の成功が、一九三九年の戦争開始の決定を助長したという可能性もある。この大会はナチスドイツにとって、世界強国アメリカ合衆国や西側民主主義国家との初めての対決であり、これはスポーツの分野に限られていたが、ヒトラーは「この国の競技者たちの大勝利は、明確な予兆であり、全体主義政策は、現実に奇蹟を起こすことができるのだろう」ということから、教義を引きだした。ヒトラーによると、スポーツの結果は、「筋金入りのファシストたちが、退廃的な民主主義者たちを征服することができる」(グレーデ、一九八〇年、三七〇頁)ことを証明した。ムッソリーニのイタリアもフランスを凌いだにもかかわらず、一九三九年以後判明したことは、ヒトラーの想定が短絡だったことだ。

ドイツ選手は総統のために勝利する

さて、外国への偽装工作は完全にうまくいったわけではなかった。しかし、三年半の統治期間のうちに、人権とベルサイユ条約に違反したことからわかるように、それより他に期待はできなかった。競技の成功はそれに対して不十分だったと権力者たちは嘆く必要がなかった。ドイツオリンピック代表チームはこれまでになくすばらしい結果を残したからだ。しかし、この勝利は偶然の産物ではない。つまり、いわゆる「アーリア人種」の優越性を実践するために、ドイツのスポーツ選手たちはトップの成績をオリンピック大会で達成するよう命じられ、そのために組織的なスポーツ振興政策が投入された。それで、その責任者たちが一九三六年以前の数年、とりわけ「無名のスポーツマン」探しに奔走した。この活動で、「特に地方や小都市」にいるそれまで発見されなかった才能の持ち主たちの居所をつきとめるように言われた。「ナチスだけが煽動するすべを心得ているように、ドイツ中が捜索熱、記録熱におかされた。オリンピック・キャンペーンの夕べ、オリンピック親交会、スポーツ宣伝週間、選考講習会、若手教習課程など、すべてが動員され、最終的にオリンピックに行ける見込みのあるスポーツ選手を見つけだした」（『シュピーゲル』誌、一九八六年三一号、一三一頁）。これらの活動やオリンピック選手の準備に、国は一九三四年から一九三六年までの間、百五十万ライヒスマルクという高額を認めた（クリューガー、一二七頁）。これは必要な額でもあった。なぜなら、ドイツスポーツ、特に陸上競技は、国際的に高い水準ではなかったからである。

財政上の出費と才能の持ち主を探すほとんど探偵のような捜索活動は、権力者にとって報われた。三三個の金、二六個の銀、三〇個の銅メダルをドイツは、ベルリン・オリンピック大会で獲得し、国別評価でトップになった。ヘルベルト・アダムスキ（ボート）からエーリッヒ・ツァンダー博士（ホッケー）までのドイツ代表の優勝者たちは大喜びして、「ドイツのために勝利と栄光を勝ち取った」と述べた。「私の出した結果は私には夢のようです」と砲丸投げのオリンピックチャンピオンであるハンス・ヴェルケは思いに耽りながら、「私の人生で一番幸せな時間でした（中略）私は総統の御前でオリンピックの勝利者になったのです。それで私は歓喜と誇りの気持ちでいっぱいでした」と述べている（『ミュンヒナー・ノイエステ・ナッハリヒテン』紙、一九三六年八月四日）。このような発言は後に、誇れるような結果があまりなかったサッカー選手たちにも見られる。かれらは弱いチームが並ぶ組み合わせの二回戦でそれも「総統の目前で」敗れた。それは、この場合あまり都合のよくない状況であることがわかるだろう。

大会の最後に帝国内相ヴィルヘルム・フリック博士が、ドイツのオリンピック勝者たちと引見した。彼は、この勝利は絶対に偶然ではなく、確実に大部分は「第三帝国の成功」（『ミュンヒナー・ノイエステ・ナッハリヒテン』紙、一九三六年八月一五日）でもあることを強調した。そして、国防軍では、ゴットハルト・ハントリック中尉が近代五種競技（乗馬、射撃、フェンシング、クロスカントリー、競泳）で金メダルを勝ち取り、それを『ミュンヒナー・ノイエステ・ナッハリヒテン』紙は、「わが国防軍の誇りある勝利」と評価した。ハントリックその人は有名になったことに加え、大尉への昇進まで獲得した。サッカーでも、後に国際試合でドイツの「戦略の優勢」や「電撃的勝利、あるいは究極の勝利」、「ドイツ戦車のように」相手方の守備を踏みにじるローラー作戦が話題になった。外国の報道の一部は、ドイツナショナルチームを表すときに、この用語を今日までスタンダードレパートリーから除外せずに使っている。

オリンピックは、羊の皮を被り、政治行為の自由裁量の余地をつくるたった一度の機会だった。このチャンスを利用するために、外交政策はかなりの程度、スポーツ政策はほとんど完全に、この行事に合わせて調整された。ユダヤ人迫害や戦争の準備をおおっぴらに進めることは、オリンピック以降に延期された。ゲッベルスは、大会期間中の八月八日、日記にこう書いている。「正午、総統、スペイン問題。オリンピック以後、われわれは狂暴になる。そうなれば、砲火がはじまる。二年の兵役導入」。オリンピックが終わってから、スペイン市民戦争でコンドル義勇軍が戦闘を開始することになっていて、戦争準備に関する秘密計画が一九三六年秋になってから内密に提出された。一九三三年四月二八日から帝国スポーツ指導者になった突撃隊大将ハンス・フォン・チャマー・ウント・オステンは、後に内務省から、スポーツの新組織は「一九三六年第十一回オリンピック競技の準備を念入りに行う、このもちろん最重要の使命を縮小してはならない」という指示を受けた。それにしたがって、チャマーは、問題なく、スポーツ協会に比較的干渉せず、国際的なスポーツ交流を削減することなく続行した。しかしそれらのことで突撃隊の彼の同志たちが非常に立腹した。より正確に解釈すると、チャマーには、一九三三年にドイツ体育帝国委員会（ＤＲＡ）を解散し、新しい上部団体として総統原理に従って組織されるドイツ体育帝国協会（ＤＲＬ）を創立することで十分であった。個々のスポーツ協会は「専門局」として存続した。そして、国際レベルでのスポーツ交流を著しく制限することになるので、スポーツ協会を党組織に編成しなおすことを止めた。

同じ理由から、この新しい方針は、どんなスポーツも明確に軍用化する必要がなくなったことも意味した。それによって、突撃隊の秘蔵っ子である軍事強化スポーツが、重要な意味を持たなくなった。チャマーはそれでスポーツ政策上においては次第に突撃隊から距離をおくようになっていった。それは、一九三四年のレーム事件で決着をみる突撃隊の無力化が密かに接近していることと符合していた。

他でもスポーツ組織はかなり干渉されずに活動を続けることができ、さらには新しい成果主義のスポーツ政策方針によって著しく状況が改善された。これは、国家がスポーツを物質的に組織的にそれまでよりずっと強力に援助したからである。例えば、サッカーのナショナルチームの評価は非常に高まり、試合回数が目に見えて増加し、チーム編成はもはや以前ほどには地域利害に左右されなくなった。また、ナショナルチームの監督ネルツは、選手たちを以前よりずっと計画的に練習させ大会に備えさせることができた。

ナショナルチームの、とりわけ一九三六年までの使命は、帝国内相フリックが「特別に重要だ」と言及した、スポーツの分野でドイツを対外的に代表することであった。これは、他の分野では、ナチスドイツがボイコット対策によって孤立しつづけたので、不可能であったからだ。それで、スポーツに与えられた使命は、一方では外国でナチスドイツの「正常性」を演出し、他方では、ドイツ国民に、ドイツがスポーツパートナーとして、外国でもてはやされ、尊重されており、相手チームに優っていることを見せることだった。

ナチスと国際オリンピック委員会（IOC）

ベルリンオリンピックから六〇年以上を経た今日の状況を見ると、IOCは、縁故同族経営の砦であり、全体主義政権の高官出身者たちを門戸を広げて迎え入れている。つまり、サマランチ【前】会長【二〇〇一年から、会長はジャック・ロゲ】は、【かつてのスペインの独裁者】フランコのお気に入りであったし、【前】副会長キム・ウン・ヨンは韓国の元秘密情報機関長官であり、さらには【ウガンダの】イディ・アミン政権時代の防衛大臣フランシス・ニュアンウェソ（Francis Nyangweso）もIOCに座を占めている。オリンピック大会が、最高額を提示した国々に売りつけられるというのも稀ではないと報道が、新聞をにぎわしている。

汚職と独裁者への接近は二つとも、IOCの伝統である。ナチスが一九三六年のベルリンオリンピック誘致をめぐって画策していたとき、ＩＯＣでは影響力のある会派がナチス側についた。特に、一九五二年から一九七二年までＩＯＣ会長であったアヴェリー・ブランデージは、ナチス寄りの行為がのちに報われると言われた一人である。

さて、ベルリンオリンピックはそれからどうなったのであろう。まず、ＩＯＣはナチスに条件をつけてきた。ＩＯＣが要求したことは、ドイツのユダヤ人に大会への参加を許可することだった。そして、ドイツ人でＩＯＣ委員のテオドール・レーヴァルトに保護の手を差しのべた。彼が【両親の一方がユダヤ人の】二分の一ユダヤ人だったからである。

レーヴァルトは、ＩＯＣの地位がナチスの勢力圏外だっただけでなく、彼の（そして、カール・ディームの）経験は大会運営には不可欠だったので、彼の立場は侵されなかった。レーヴァルトは、それまで、特にナチスの御用新聞雑誌で憎悪の対象であり、辞職が激しく求められていた。レーヴァルトの抗議以後、その件に関して、ヒトラー自身によって、彼への攻撃をやめるように命令（一九三三年四月三日）された。ドイツオリンピック委員会（ＤＯＡ）会長に選出されたのはチャマーであったが、国内オリンピック委員会（ＮＯＫ）の会長にはレーヴァルトがなった。

しかし、ヒトラーとナチス指導部にとって最大の問題は、ＩＯＣ会長バイエ・ラトゥールが出した要求だった。それは、大会はオリンピック憲章に則って「決して、政治的、人種的、民族的、宗教的な性格を有してはならない」というものであったので、ヒトラーは即刻、大会の後ろ盾になることを拒否した。しかし、それから三週間足らずの一九三三年六月五日、レーヴァルトは、ウィーンでのＩＯＣ会議に際して、「要求受け入れ声明」を受け取った。それには、「原則としてドイツのユダヤ人を、

第十一回オリンピック大会のドイツ代表団から排除しない」ということが確約されていた。面白いことに、一九三五年のIOCとの交渉で明らかになったことは、その声明は広く世論で議論される対象だったにもかかわらず、ヒトラーは声明の内容についてまったく知らなかったということである。歴史家のタイヒラーは、その原因をヒトラーがスポーツに対して非常に無関心だったためだと見ている。

ナチス指導部はこのジレンマを、ユダヤ人を参加させることで解消したが、ユダヤ人選手をオリンピック出場に十分なコンディションに仕上げてやる義務があるとは見ていなかった。つまり、選手たちを妨害し、出場資格基準の理由をつけて失格させた。ユダヤ人の走り高飛び選手グレーテル・ベルクマンは、オリンピック前はたしかに要求された高さを跳んでいたが、スポーツ指導部は、それにもかかわらず成績がどうして不十分であったのかについて、見え透いた説明を見つけ出した。IOCの要求を満足させるために、一九三五年のニュルンベルク人種諸法によって「二分の一ユダヤ人」と分類された二人の選手の出場が受け入れられた。冬期大会に出場したアイスホッケー選手のルディ・バルと、夏期大会に出場した女子フェンシング選手ヘレーネ・マイヤーである。

IOCを「裏切る」オリンピック幹部ヤーンケ

不思議なことにIOCがそのような取るに足らないユダヤ系スポーツ選手の参加で満足した。これは、一つにはIOCの「憲章形式主義」で説明できる。他の理由としては、多くのIOC委員の基本的政治信念が、ナチズムとまったくかけ離れていたわけではなかったからである。イギリスのIOC委員であり、反共産主義者を表明しているアビデール卿は、一九三六年ごろ、次のように書いている。

「アドルフ・ヒトラーと会ったとき、偉大な人物と接近していると感じた。特にこの地での会話で、私が納得できたのは、ドイツは、イギリスと一緒になって世界平和のために働こうと真摯に努めているということだった」。【スポーツ社会学者の】タイヒラーは、IOCには「ファシストに賛成の会派」があるとまで言っている。この会派は、アメリカのIOC委員であるアーネスト・リー・ヤーンケの除名も支持した。彼は、政治家であり、オリンピックのボイコットに賛成していたのである。この除名は、IOCのドイツ代表であるテオドール・レーヴァルトとリッター・フォン・ハルトによって行われた。

アメリカでは、ベルリン大会に対する大規模な激しいボイコット運動が起こっていた。一九三五年九月のニュルンベルク人種諸法の発布は、国際的なボイコットを要求する運動の火に油を注ぐことになり、同じ年に、ニューヨークで、三万五〇〇〇人を集めた反対行事が行われた。一九三五年十二月八日に、アメリカ国内のスポーツ組織であるアマチュア競技連盟（AAU）の総会は、最終的にオリンピック大会への参加について決定をくだすことになった。AAU管理委員会には、総会の前に一五〇万人の会員からなる諸組織の決議と五〇万人の署名リストが提出されたが、すべてオリンピック大会への出場に反対だった。一一四人の委員の投票結果は接戦だったらしい。しかし、出場に賛成する人が二票多かった。とりあえず、「出場の承諾は、ナチス政府を承認したことを意味しているのではない」という追加文を入れることで合意をみた。アメリカ以外のボイコット運動は（スペインやソビエト連邦は例外として）、個別の社会的周辺グループに限られていた。ヨーロッパでは、特に左派知識人、労働者スポーツ普及運動の関係者、ユダヤ人組織だった。

ヤーンケは、アメリカのボイコット運動の一員であったが、後の（一九五二年から一九七二年まで）ＩＯＣ会長となるアヴェリー・ブランデージは、彼に反対し、はっきりとナチスドイツ賛成の態度を取っていた。ヒトラー大会への参加に賛成したことを、ブランデージは、戦後、オリンピックの理念をそうすることでのみ救うことができたのだという興味深い論拠で弁明した。より有力な理由を、最近になって、トーマス・キストナーは『南ドイツ新聞』でこう伝えた。大会のあと、建設業を営むブランデージは、帝国スポーツ指導者チャマーから、彼にワシントンのドイツ大使館の新築を委託したという知らせを受けた。反ユダヤ主義者であるブランデージは、一九三六年に、ヤーンケの後任としてＩＯＣに入った。そのときドイツ系であるヤーンケがベルリンの会議で、ほとんど満場一致で除名され、しかも、その理由が「委員会の利益に対する裏切り」というものだった。第三帝国の首都でなされたこの決定は、本来、ＩＯＣがナチスの権力者たちの前にひざまずいたとしか取りようがない。

しかしながら、オリンピック幹部たちとナチスとの素晴らしい関係は、ベルリン大会の終了とともに終わったわけでは決してなかった。しかも、ドイツ労働戦線（一九三八年）と女性映画監督レニ・リーフェンシュタール（一九三九年）は、オリンピックカップ【一九〇六年にクーベルタンが創立した、オリンピック運動の推進に寄与した機関、協会に与えられる】と、オリンピック功労賞状【一九〇五年にブリュッセル会議で創設された、オリンピック運動の推進に寄与した個人に与えられる】をそれぞれもらった。さらに、ＩＯＣは、スイスが突然辞退したので、一九三九年にも、第五回冬期大会を再びガルミッシュ・パルテンキルヒエンに決定した。遅くとも一九三六年から、ナチスドイツが大規模な催しの運営に卓越しているということが知られていた。ドイツへの誘致は、一九三八年のポグロム【水晶の夜】や、まぎれもなく挑戦的な拡張政策が始まるまえから考えられていたに違いない。それは、IOCによって実際に、公然と報いられた。チャマーは一九三九年にこの誘致についてその場に合った論評をした。「これはオリンピックにおけるドイツの勝利だった」。

▼インタビュー「サッカーでナチスはいつも痛い目を見てきました」

スポーツ社会学者ハンス・ヨアヒム・タイヒラー博士とのインタヴュー

ハンス・ヨアヒム・タイヒラーは、スポーツ社会学のナチス時代の分野で一流の研究者である。彼は、ポツダム大学の教授であり、多くの著作の他に、一九九一年に「第三帝国における国際スポーツ政策」の研究を出版した。ナチスの政治とプロパガンダにおけるサッカーの役割について見解を述べ、権力者に対する選手と幹部の行動を評した。

元ナショナルチームのゴールキーパーであるハンス・ヤーコプの証言によると、ナショナルチームのレギュラー（一九三〇年から一九三八年まで約二五名）のうち、八名の選手がナチ党党員だったということです。現役の選手たちは、幹部たちと同じ程度にナチ党の活動に参加していたのでしょうか？

当時、受け入れ制限がありました。一九三七年に、それが廃止されたあとは、ほとんど幹部全員が党員になりました。現役選手の場合は（例えば、七〇％までが党員だった東ドイツと同じ程度だったと思いますが）、私にはわかりません。当時はそのような圧力というものはなかったのです。

ナショナルチームの選手であるヘルムート・シェーンの場合、親衛隊（ＳＳ）は、親衛隊に入隊するように、そして公に政治活動をするように彼に圧力をかけようとしました。これは、親衛隊の募集方法としては典型的なものだったのでしょうか？

親衛隊は比較的力を入れて一流スポーツに係わっていました。組織どうし、局どうしが張り合って、スポーツの管轄をめぐる権限の奪い合いがありました。突撃隊は少しでもスポーツの権限を得ようとしていましたが、帝国スポーツ指導者が、突撃隊の隊員だったにもかかわらず、いつもヒムラーに助けを求めました。なぜなら、親衛隊は、エリート思想を持っていたので、成果主義スポーツにより近い立場にいたからです。突撃隊は、どちらかというと、国民スポーツ、大衆スポーツ、戦力強化スポーツの理念を推し進めていました。そのような面から考えると、親衛隊からの圧力が当時いくらかはあったということはありえます。しかし、私の印象では、むしろ正反対なのです。つまり、選手たちは総じて、政治的行動として、自分のスポーツ活動の任務を遂行しようとしていたのです。幹部たちの活動すべてが政治的行動であるようにするために、体育帝国協会（ＤＲＬ）が、ナチス体育帝国協会（ＮＳＲＬ）になったのですが、これは、ひとえにスポーツ指導部の強力な強要によるものです。それは、もともとスポーツの強要でした。なぜならば、ナチ党に入るということは、権力に近いポストにいて、大なり小なりポストの分配にもあやかるということを意味していたからです。しかし、もはやあまりに多くの人を近寄らせたくなかったのです。しかし、マックス・シェリングの場合はこれとは違いました。そこでは、小さなもめごとがありました。突撃隊と親衛隊は、それぞれ彼を獲得しようとしました。そこで、窮地に陥った彼は、ヒトラー自身による決定を引き出しました。つまり、シュメリングは全国民のものであり、個別に分類された組織には属さないということになったのです。

しかし、目を引くのは、スポーツの分野では、組織どうしのもめごとがかなり激しかったということです。つまり、突撃隊と、帝国労働戦線、親衛隊、ヒトラー・ユーゲントがスポーツへの影響力をめぐって争いました。このような衝突をどうお考えになりますか?

ここで、見ておかなければならないのは、そのときどきの口実の影には部分的に古い風潮が隠れていたことです。その例では、体操選手のノイエンドルフ（著者注：彼は最初スポーツ政治上は突撃隊寄りだった）などがいますが、彼は歓喜力行団に入り、そこで体操を通じた国民大衆スポーツの理念を実現したいと思っていて、競技スポーツを非ナチ的だとして、撲滅しようとしました。このような対立はスポーツや組織には特有のもので、「分けて支配せよ」の原理に従っています。イアン・カーショーは、ヒトラーの伝記【邦訳『ヒトラー　権力の本質』石田勇治訳、白水社　一九九九年刊】の中で、新しい権力者に気に入られようとする競争は過激になる傾向があることを示唆しています。取り入るために、その場その場で競争する人よりもずっと過激な態度を取ります。だから、ヒトラーはさまざまな会派の頭上にいたので、彼は権力に留まることが容易になったのです。スポーツ指導者たちは、スポーツをめぐって対立している諸勢力を掌握できなかったのです。それは、チャマーが、ヒトラーの側近にとうとうなれなかったことでわかります。

いつから親衛隊はスポーツにより強力に介入するようになったのですか?

一九三八年ごろから、親衛隊の活動は増えました。体育帝国協会では、興味深い展開が見られました。地方の諸組織を政治的に管理する大管区指導者は、ほとんどすべて突撃隊の隊員でした。しかし、専門局の空席となるポストについた人びとは、しばしばその局の専門知識はあまりなかったにもかかわらず、ほとんど親衛隊隊員に限られていました。

サッカーは、ナチスに優遇され、道具として利用されたスポーツ種目だったのでしょうか? それとも、イデオロギー的に利用し尽くしたことから、むしろ眼中におかれなかったのでしょうか?

サッカーは、支配者がサッカーのもつ大衆人気になんらかの方法であやかろうとするほどの、大衆的な力を示すものであり、全スポーツ組織の中で特別に重要です。それは、話は飛びますが、東ドイツスポーツ史の研究でも示されています。また、それがわかるのは、シャルケ04ですが、そのチームが帰郷するたびに、ナチ党や、突撃隊、国家勤労奉仕隊に左右を守られていました。サッカーは道具に利用されそうになりましたが、このスポーツ種目で、第三帝国はいつも痛い目を見てきました。初めはたしかに、いわゆる「小もの相手」に連勝しました。しかし、一九三六年オリンピックでは、ポストスタジアムで敗北しました。それから、一九三八年のワールドカップでのひどい結果とそれに伴った敗北。ちょうど占領された国々がそのつどすぐに国際試合に招かれたのですが、概してこのナチスによるサッカーの道具化は失敗しました。つまり、サッカーという強国に屈服して、それに手を触れずにおいたのです。国際的なスポーツ交流は、私の推測ですが、一九四二年に中止されました。これには特別な事情、つまりゲッベルスが日記に書いているように、国際試合の敗北のほうが、ロシアで一都市を失ったことより人びとを興奮させたせいでした。

サッカーは、ボールが周知のように丸い【結果を見通すのが難しい】ので、利用し尽くすのに適しているわけではないということでしょうか？　そうすると、「支配人種」の優越性をスポーツの成功に結びつけるのは、かなり危険ですよね。

はい、そのとおりです。占領下のキエフで行われた試合についての有名でいかがわしい話が示すように、サッカーでは、出所は非常に疑わしいものです。突然、上位リーグのチームが対戦相手になったとき、支配人種気質は完全に崩れました。ドイツ人は、最高の選手を呼び集めたときも、勝つことはできなかった。伝説は、対戦相手の何人かは、そのために収容所で亡くなったと伝えられています。

（サッカー以外で）どんなスポーツ種目が、ナチスに利用されたか、あるいは、それらの種目のどれが政治的に利用し尽くされたか、法則を挙げることはできるでしょうか？

面白いと思われるのは、ヒトラーが、もともと大衆効果のあるスポーツ種目を見きわめる鋭い感覚をもっていたことです。彼が最初に情熱を注いだのは、自動車、ないし、自動車レースでした。スポーツに関して撮られた大量の映画は、モータースポーツを賛美していました。具体的にちょっと想像してもらわなければなりませんが、一帝国首相が、自分の周囲をレース競技のアイドルたちで固めたのです。現代に置きかえると、コール【一九九八年までのドイツ首相】がたくさんの護衛に囲まれながら、シューマッハーやフレンツェンに付き添われて、「ウンター・デン・リンデン【ベルリンの中心にある大通り】」を通って国際モーターショーの開催に出かけるようなものです。無敵のジルバープファイル【銀の矢、メルセデス・ベンツ社と自動車協会が一九三四年から一九三九年まで製産したレース用自動車名】に伴われて、帝国首相は賑々しくＩＡＡ（国際モーターショー）に出かけ、それを開催しました。自動車のあとは、きっとボクシングだったでしょう。（『シュメリングの勝利はドイツの勝利』というタイトルの映画もそれに合わせてできましたが）そのあとは、しばらくなかったのです。その次には、もうサッカーになったのですが、それはサッカーが国際的な舞台に登場したときでした。しかし、その主な使命は、一九三五年から一九三六年の間、特にフランスとイギリスとの試合では、出場し、つながりをつくり、フェアプレイをすることでした。結果はそれほど重要ではありませんでした。しかし、一九三八年になるとイギリスにとっては逆にそれほど重要ではありませんでしたが、ドイツにとって結果は非常に重要でした。

国民をイデオロギーで教化する場合に、スポーツの占める位置はどれくらいにランク付けされるとお考えですか？　ナチスはスポーツのもつ宣伝力を利用し尽くしたでしょうか？

彼らはスポーツのもつ宣伝力を十分に利用し尽くしたと思いますが、単純なやり方だったわけではありません。彼らはスポーツの間接的な影響を利用しました。例えば、オリンピック大会ですが、彼らが、世界中に自分たちの組織力やスポーツ能力を示し、軍備拡張の隠ぺいのために平穏に満ちた色合いをだすため、この大会を立派に運営しました。他には、本来のイデオロギーに反して、一流スポーツの足場を築き、促進することによって、ドイツの若者に優越感のようなものを植えつけました。これは、重要な点だと思うのですが、ドイツ人が、最も多くオリンピックのメダルを獲得し、国際的な社交場裡で大きなスポーツ上の成功をする。そうすると、支配人種イデオロギーが立証されるのです。それを、第三帝国時代の社会民主党の定期報告や通報も承認しています。つまり、報告者は、若者をこの体制に縛るのはイデオロギーでも、ヒトラーという人物でもなく、スポーツなのだと書いています。若者たちがヒトラー・ユーゲントで成果主義のスポーツをすることができるという機会がありました。例えば、ヒトラー・ユーゲントの特別編隊がそれですが、そこでは若者たちがバイクでその付近を走ることができました。技術とスポーツとのこのようなつながり、それは、若者を体制に結びつける恍惚感となりました。それも、この集団に関しては、特別にスポーツは重要な役割を果たしていました。同じことがサッカーについても言えます。K局（著者注：教育省のスポーツ部）局長のカール・クリュメルが、サッカーに強い関心を持っていたということからわかります。サッカーは、ボクシングとともに、一九三五年に男子中等学校で導入された新しいスポーツ種目でした。クリュメル自身は、古い頑迷な体操教師に衝撃を与え、革命的で若者向きのことを行うためにサッカーを選択したと明言した。もちろん、求められたのは、身体を鍛え、戸外で行うことが可能で、さらにチームの連帯感を育成する競技スポーツだったのです。

元サッカー選手でNSRL会長のグイード・フォン・メングテンはどの程度まで、ナチズムを確信していたのでしょうか？　彼はその当時のスポーツ幹部としては典型的な人物だったのでしょうか？

ブルジョワスポーツ指導部は、明らかに【プロイセン時代の国旗の色で、国粋主義的傾向を表す】黒白赤色に染まりきっていたようです。かれらは、ドイツ的、国家的で皇帝に忠実、かつ軍人らしく、軍隊風の特徴を持っていました。しかし、フォン・メングテンは、当然ナチスだと名指ししても、彼に苦痛を与えないほど、自分についてナチズム流に、抒情的な言葉を使って多く語りました。彼はヒトラーに非常に忠実でしたが、もちろん、人種問題の領域でもそれ相応の責任を取らずに済むものではありません。それには膨大な記録もあります。

彼が戦後スポーツ幹部として出世し続けることができたということを、どのように説明されますか？

（著者注：第二次世界大戦後の最初のＤＦＢ会長である）バウヴェンスや古くからの仲間たちが彼を支えました。かれらの結束は強かったのです。しかし、それに加えて、フォン・メングデンは能力のある世話人で、筆の立つ、よく働く人物だったのです。

第2章　忘れ去られたサッカー史——労働者スポーツ・運動

一九三三年、ナチスは権力を掌握したが、その意味は、今日では大方忘れ去られてしまった労働者スポーツが、終わりを告げたということである。この終焉は、その誕生後ちょうど四〇年目の出来事であった。一九二〇年代の終わり、「スポーツ・身体衛生中央委員会」には一二〇万人の会員がいて、その下部組織には「自転車・自動車協会『連帯』」があり、この「連帯」の傘下には、「自然友の会」、「労働者・サマリア人・協会」、そしてとりわけ「労働者・体操・スポーツ協会」（ATSB）が所属している。ATSBは、七七万人の会員を擁し、なかでも体操、陸上競技、ハンドボール競技そしてサッカーが中心的な種目である。サッカーチームは、一九三〇年にATSBに登録されたが、わずか八千人しか会員はいなかった。ATSBは社会民主主義的な方向性をもち、ここから離反した組織である共産主義的路線を歩む「赤色スポーツ統一のための闘争共同体」は「赤色スポーツ」として知られていた。この両組織を、早速、ナチスの禁止措置が直撃した。後になると、カトリックの「ドイツ青少年の力」（DIK）、プロテスタントの「オーク十字スポーツ運動」、ユダヤ人のスポーツ運動も禁止された（ユダヤ人の運動の場合、一九三八年十一月のポグロム以降）。

一九三三年四月七日、こうした措置に見舞われながらもなお、ATSBの事務局担当の首脳部は次のように説明していた。「われわれ協会は、新しい状況を認識している。（中略）新しい国家への我々の姿勢は、協力をめざした誠実な意思に基づいている」。しかし協力姿勢を示しても無駄であった。というのも、一九三三年七月十四日の法律「国民と国家の敵の財産没収法」により、ナチスは単に組織を禁止できるだけでなく、略奪行為により労働者スポーツ諸組織が血と汗の結晶で積み上げてきた財産を私物化することができた。奪われたのは、例えば、ライプツィヒの連帯学校、クラブハウスを備えた一三〇〇の運動競技場、二三〇の体育館、その他多くの施設である。ドイツサッカー協会（DFB）は、こうした労働者スポーツ運動の禁止措置とは無縁の地にいた。協会は次のような立場をとっていた。「この（労働者スポーツ）諸組織は、今日まで党派政治の、あるいは階級闘争の目的を果たすためにスポーツを行ってきた。そして、ドイツサッカー協会を敵として戦ってきた。なぜならば、ドイツサッカー協会は、スポーツ及び青少年教育を、国民と国家を強化する視点で取り組んでいるからである」（一九三三年三月二十二日）。

階級闘争と大衆スポーツ

労働者スポーツ運動は、国王に忠誠を尽くし、ナショナルな傾向をもつドイツ体操協会（DT）への対抗措置として、一八九〇年代の初頭に始まった。DTの中には、労働者や社会民主党員をその戦列に加えようとはしない人びともいた。またDTが、国王の誕生を祝う式典や「セダン戦勝記念祝典」【普仏戦争で、ドイツの前身プロシャが勝利した北フランス・セダンでの戦いを記念】に参加することを社会民主党員は快く思わなかった。ATSBの中心的課題は、広範囲なスポーツ競技を行うことであり、階級闘争を促進することであった。「二つの世界観が生と死を求めて闘っている今日、中立的な組織などというものはあり得ない。ブルジョア（スポーツ）陣営にもあり得ないし、労働者スポーツ運動にも存在しない」と、ATSBは一九三二年に述べている。公平、身体の健康維持――今日の言葉で言えば、「フィットネス」こそが最高の価値であり、〈成果主義〉ではない。ナショナリズムは、「いわゆるスーパースターの溺愛」や「記録第一のガムシャラ努力」と同様に拒絶された。エースを礼賛する「スーパースター主義」を避けるために、選手たちは長い間、報道記事でもチームの紹介でも、名前を挙げては呼ばれなかった。すなわち、読者が記事で目にするものは、常にポジション名の「レフトウイング」あるいは「センターハーフ」だけであった。この人たちには、「ブルジョア」サッカーの国際試合の放送を、ラジオで聞くことすら忌み嫌われた。

労働者スポーツ運動家たちも、一九二〇年以来、サッカーの選手権試合を開催している。一九二九年と一九三一年にハンブルクの港湾労働者居住区のローテンブルク地区からでてきたあるチームは、後身のHSV・イドールチーム時代を含めて、ATSBでトップになり、優勝をしている。SCロールベーアー06チームは、当時、一万五〇〇〇人とも二万人とも言われる観客を前にハンブルク・ヴィクトリア広場でデーベルン／シュレージエン・チームとペガウ・チーム（ライプツィヒ）と決勝戦で対戦し、勝利している。このチームのセンターフォワードは、労働者地区出身の、若きエルヴィン・ゼーラーであった。彼の父は、社会民主党員の旅館経営者であり、息子は、九歳の頃から労働者スポーツを始めていた。息子ゼーラー（一九一〇～一九九七年）は、ATSBのドイツレベルでの選

労働者クラブチーム「ロールベーアー06」。エルヴィン・ゼーラー（後ろに立っている人の左から二番目）。そのすぐ右はアウグスト・ポストラー。右端で立つ人はシュプリンガー。

り抜きのメンバーであり、労働者スポーツの言わば「全国選抜チーム」の選手であった。彼は、一九三一年にウィーンで行われた労働者オリンピックで、六万人の観衆が見守る中、対ハンガリー戦に出場し、九対〇で勝ったが、このうち七得点は、彼のゴールである。彼は、会場から肩車に乗せられた。帰郷した彼を待ち受けていたものは、冷ややかな雰囲気だった。「広場から肩車に乗せられた！　労働者スポーツ界に、未だお目にかかったことのない流行《はやり》」と幹部たちは非難の声を挙げた。二〇〇万人の会員を抱える社会主義労働者スポーツ・インターナショナル（SASI）の一七の組織から七万七〇〇〇人を超える人びとが、世界恐慌のまっただ中に、この大々的行事に結集した。このうち、ドイツだけで三万人が参加した。

ゼーラーはロールベーアー時代の思い出にはいつもいい印象を抱いていた（「すばらしい戦力！」だった、と）。仕事を持っている人間が、持っていない別の人間を「引っ張り込んで」きたからであった。それはそうとして、一九三二年、このセンターフォワードは、センターハーフのシュプリンガーと一緒に、ドイツサッカー協会（DFB）傘下のクラブチーム、ヴィクトーリア・ハンブルクに移籍をした。このことに非難の声を挙げたのは社会民主党機関紙『ハンブルガー・エヒョー』だけではなかった。『ハンブルガー・エヒョー』紙は、その解説記事で「迷えるプロレタリア」と題して以下のように論評している。「式典の先導馬の如き『人寄せパンダ』になり下がり、ブルジョアスポーツの金庫を潤すなどというのは、プロレタリアとしてはあまりにも残念に思わざるを得ない」。DFB所属の他のクラブチームも、労働者サッカー選手の潜在能力を利用した。例えば、以下の三選手は元はといえば労働者スポーツにルーツがある。すなわち、ルディ・ノアクは、HSVシュピールマハーに所属したが、一九三〇年代、四〇年代のナショナル（全国選抜）チームのメンバーであり、他の二人はデュッセルドルフのアウグスト・ゲッツィンガー（彼は、労働者スポーツ紙で、「裏切り者」、「背信者」、「フォルトゥーナの、車に乗り魂を売る男」とさんざんにこき下ろされた）と、ホルシュタイン・キールチームから全国選抜チームに抜擢されたオスカー・リッターである。

ゼーラーは、移籍前のロールベーアーにいた時代に「我らがロールベーアー・チームと『赤色スポーツ』にとり、手に負えない問題が発生したこと」を身をもって体験した。すなわち、二つの労働者政党の社会民主党（SPD）とドイツ共産党（KPD）は、互いに対立し、相いれなかった。これが原因で労働組合運動だけでなく、労働者スポーツ運動も分裂していた。千のクラブチームと一〇万人の会員がドイツ共産党寄りを理由に「労働者・体操・スポーツ連盟」（ATSB）から締め出された。一九三〇年、ハンブルクの労働組合会館でATSBの集会が開催され、この会場内で、社会民主党に近いドイツ国旗党と共産主義者に敵対する治安警察との間で衝突事件が発生した。一五歳の見習い修業中の青年が命を落とし、ドイツ共産党の申し立てによれば、二六人が傷を負ったという。

SPD寄りの傾向のATSBに遅れて、すでに触れた「赤色スポーツ」が誕生した。この組織には、例えばハンブルクではVfL05がメンバーとして所属し、一九四五年以降は、VfL93に吸収された、一九九七年から九八年には、地方リーグ北部で試合をしている。労働者スポーツが分裂したことにより、ハンブルク市のローテンブルク地区にも二つの「労働者スポーツ・サッカーチーム」が生まれた。SCロールベーアー06と「赤色スポーツ」のFSVロールベーアー1932の二チームである。後者には、かつてゼーラーと共にプレーしたアウグスト・ポストラーがいて、ゼーラー同様にドイツ選抜チームの有名な人材である。彼は、一九三二年、電気工であったが失業をし、三カ月にわたり「赤色スポーツ」の選抜チームの一員としてソ連に遠征し、とりわけモスクワでは六万五〇〇〇人の観衆が見つめる中で試合をした。

ドイツサッカー協会（DFB）は、はるかに遅れて国際試合

一般に労働者スポーツの特徴は、インターナショナルな点にある。すなわち、ATSBはフランスとすでに一九二四年に対戦をしているのに対して、ドイツサッカー協会（DFB）がこの不倶戴天の「宿敵」との対戦を決意したのは、やっと一九三一年になってからのことである。ポーランドは一九三三年にならないとDFBは対戦相手にしないし、チェコスロヴァキア共和国選抜チームとは、ワールドカップで（強いられて）闘ったが、これは一九三四年のことであった。一方、労働者スポーツ選手たちはこの二国とはそれぞれ一九二五年と一九二六年に対戦をしている。一九一九年、第一次世界大戦が終結するやいなやVfB05ハンブルクは英国船員チームと試合をし、また、英国労働党サッカー選抜チームとATSBチームが、ロンドンのウェストハム・ユナイテッドの競技場で二回戦試合

の第一試合を対戦をしたのは一九二九年である。残りの第二試合は、一九三〇年に一万五〇〇〇人の観衆を前にハンブルクで行われたが、社会民主党機関紙『ハンブルガー・エヒョー』はその模様を以下のように報じた。「ドイツとイギリスの戦いの意味は何か。それは労働者階級の国際連帯の広がりである。選手たちは万国の労働者の統一を行動で示そうとしているのだ」。

「ロシア人来たる！」、一九二七年、このように新聞の見出しは伝えた。この年、初めてソ連の全国選抜チームがドイツを訪れ、ライプツィヒ、ハンブルク、ブレーメン（二度）、ドレースデン、ケムニッツ、ベルリン、バーデン／プファルツ地方で試合をした。ドイツサッカー協会（DFB）がソ連と初めて対戦をするのは、一九五五年のことである。一九二七年、ハンブルクのSCヴィクトーリア競技場での試合には、一万二五〇〇人（ブルジョア新聞の報道）とも二万五〇〇〇人（社民党機関紙『エヒョー』）ともいわれる観客が集った。『ハンブルガー・フレムデンブラット』紙（ブルジョア新聞）によれば、「第一級の、フェアで、情熱的な」試合だったという。今日の北ドイツ放送局（NDR）の前身であるNORAGは、ポンメルン地方やラインラント地方にまで中継をした。しかし、四百人を数える笛と太鼓のサポーターが、国際労働歌「インターナショナル」や「社会主義行進曲」を演奏し始めると放送を中止してしまった。

労働者スポーツは一九三三年までは至るところに存在していた。例えば、一九二九年のサッカーの決勝戦を見ると、次のようなチームが闘っている。フォーヴェルツ・ケーニヒスベルク、マグデブルガーBBC、トゥス・フィヒテ・ビーレフェルト、FTSVメールフェルデン、SKベッキンゲン、フライアーFCルートヴィヒスハーフェン、第一FCダハウである。今日、サッカー名鑑を開いてみると、チーム名の短縮形に気がつく。例えば、FTはフライエ・トゥルナーシャフト（自由体操協会）の略であり、ASVはアルゲマイナー・シュポルトフェアアイン（全国スポーツ協会）の、またフィヒテ・オーダーSKGはシュポルト・ウント・クルトゥーア・ゲマインシャフト（スポーツ・文化共同体）の短縮形である。この略語を見れば、かつてこうしたチームには労働者スポーツ選手がいたことが分かるのである。

こうしたことは今日のデュッセルドルフ市のチームTuSゲレスハイムについても言えることである。このチームは、ブンデスリーグ（ドイツ全国リーグ）のプロ選手、例えば、クラウス・アルフォンスとトーマス・アルフォンスの兄弟選手やデミール・ホティックを輩出しているが、チームのルーツをたどれば、労働者スポーツにある。デュッセルドルフ市東部の市街地の中心区域には、昔からガラス工場があるが（その昔、世界最大のビン製造工場があった）、その他の工場群と住宅街を合わせて、この地域はドイツ共産党の牙城であった。一九三二年十一月の国会議員選挙では、この地域から六五・三％がドイツ共産党に投じられた。社会民主党（一一・六％）もナチス（七・八％）もまったく相手にならなかった。デュッセルドルフの全市規模では、ドイツ共産党の得票率は四三％である【全ドイツのレベルでは、ナチス：三七・四％、社会民主党：二一・六％、ドイツ共産党：一四・六％】。一九〇一年に創立され、一九二五年に北西ドイツサッカー選手権試合で優勝したフライエ・トゥルナーシャフト・ゲレスハイムも、その原点は同様である。一九二八年、このチームはATSBから締め出され、以降、「赤色スポーツ」傘下の三つのサッカーチームと対戦を続けた。「赤色スポーツ」傘下では、ハンドボールチームが、一九三一年に全ドイツレベルで優勝を遂げている。

唾を吐きかけられ、塗りたくられ、辱められる

「われわれは、スポーツ界のすべてを支配した」このように書きつづっているのは、バス会社を経営し、FTゲレスハイムの万能スポーツマン、エルンスト・ライステン（愛称エルニー）である。彼自身の言うところによると、彼は、ゲレスハイムあたりでは「知らない人がいないほど有名」だったそうである。その彼も、第三帝国（ナチス）時代に、警察の残忍な手入れの犠牲になってしまった。一九三三年五月五日、三千から三五〇〇人のナチス突撃隊、親衛隊、鉄兜団、政治警察、保護警察、補助警察が、消防隊までも動員して、日の出の少し前にデュッセルドルフの労働者地区に押し入った。彼は、水泳施設に連行された。そこで唾を吐きかけられ、色のついた刷毛で額にローマ数字のⅣが塗りたくられた。「われわれはみな床に座った。すると、ナチス突撃隊の連隊長がしょっちゅうやって来ては叫んだ、『さあ、どんどんやれ！　もうどのくらいやったのか？』。昼の一時頃になると、われわれは整列をしなければならなかった。いつも二列になれと命じられた。先頭にはナチスの鼓笛隊が並んだ。行進の途中でわれわれを悲しそうにのぞき込む人びともたくさんいた。私たちの知り合いだったのだ。しかし、道端からは次のように叫ぶ別の人びともいた。『縛り首にしちまえ！　殺っちまえ！』。われわれはミューレン通りの刑務所についた。私は、ここに三日間、閉じこめられた。後にナチス親衛隊員がきて『家に帰れるぞ』」と言われた。

エルンスト・ライステンは、ナチスの圧力で職を失い、仕方なく石炭の販売を自営業として始めた。他の分野のスポーツ選手と同様に彼も、たとえナチスによる職業禁止に見舞われても、その労働者スポーツの精神は地に落ちなかった。ハンドボールの選手たちは、皆団結してブルジョアスポーツチー

ムのラーゼン・シュポルト08ゲレスハイムに鞍替えした。プロテスタントの牧師がこの移籍の保証人になり、このことでやっとナチスは鞍替えを受け入れた。政治活動は誰にも気づかれずに続けられていた。FTゲレスハイムのために会費が集められていた。チームそのものがなくなっていたにもかかわらず。非合法で活動していたり、逮捕されている同僚の選手たちに資金カンパが集められた。エムスラントにあるモーア強制収容所に収容されているドイツ共産党国会議員の妻にサッカー選手のシャツが贈られ、現金と交換された。この議員は、自身がかつてゲレスハイムの労働者スポーツチームで活発にスポーツに励んでいた。『西部ドイツ・労働者スポーツ』というようなビラもまかれた。歴史家のラインハルト・マンが後に断定しているように、一九三三年から一九三四年にかけては、デュッセルドルフの労働者スポーツ選手はドイツ共産党よりはるかに効果的な「共謀」活動を行ったという。

さて、このデュッセルドルフの「赤色スポーツ・大管区指導者」ライステンが、ベルリンで捕まったとき、ゲシュタポ（秘密国家警察）はゲレスハイム地区の活動家たちも逮捕した。そのうちの七人は、悪名高きハーゲン上級地方裁判所に起訴された。有罪の判決を受けた人びとは、例えば、赤色スポーツのゼネラル・セクレタリーをしていたハイニー・フィーツ（二年二カ月の有期刑判決）、赤色スポーツのサッカー部門の責任者、グスタフ・シリング（一年一〇カ月、拘禁の後遺症で死亡）、そして例の「エルニー」・ライステン（一年九カ月）である。ライステンは釈放後、石炭の販売を続けることは許されず、「政治犯」、「軍の品位を貶める」人間というレッテルが貼られ、一九四二年、ついには（国防軍の「破壊工作」をしたと一方的に断定された人びとから成る）「防衛力毀損者アフリカ旅団九九九」に入れられた。チュニスで捕虜になり、一九四六年、カナダから帰郷した。

デュッセルドルフのゲレスハイム地区で生じたこうした出来事は、ドイツの他の地区の労働者スポーツ選手にも多数生じた。一九三三年二月一二日、六〇〇人のナチスがアイスレーベンのドイツ共産党事務所を襲撃し、三人の労働者スポーツ選手と一三歳の少年を殺害した。戦後、東ドイツ国家評議会のメンバーになるベルナルト・ケーネン（一八八九～一九六四）は、このときの襲撃で、片目を失明した。

抵抗と迫害

労働者スポーツ選手たちは、ゲレスハイムでも、また他の地域でも、ブルジョアスポーツ団体に自分を組み入れようと努力した。ハンブルクでは市公園でサッカー選手たちの集会が開かれ、その後、社会民主主義や共産主義寄りの選手たちは、例えばスポーツチームUSCパローマ（今日では、このチームは地方リーグで上部リーグへの昇格を果たし、コーチはルディ・カルグスが務めている）やSVヘリオス、SCコメットそして体操チーム・アルニム1893に移った。外国に移ったサッカー選手たちを見てみると、例えば、一九三七年のコペンハーゲンでは、元「赤色スポーツ選手」や社会民主主義的傾向の選手たちはサッカー競技を、亡命ドイツ共産党、亡命ドイツ社会民主党幹部たちと連絡をとるのに利用した。『ハンブルガー・フォルクスツァイトゥング』紙は、共産主義路線をとる新聞であったが、その元スポーツ部門編集者のフェルディナント・キリアンもその一人であった。彼は、スペイン共和国政府の防衛に第六国際旅団のメンバーとして参加し、一九三八年、命を落としている。つい先ほどまで労働者スポーツの選手であった兵士たちは、デンマークに進駐する際に持参しなければならないカギ十字の旗を持っていくのを、「忘れた」。ゲシュタポは以下のように報告している。「われわれは、目下のところ、現今スポーツ組織に入り込む元マルクス主義選手を摘発している。そしてスポーツクラブ『パノラマ』のウィークポイントを押さえたと確信している。このチームには、われわれが捜査中の大部分がそのメンバーに受け入れられている」。

ベルリンでは、労働者サッカー選手たちはノイケルン地区のスポーツサークルであるTSVリヒテンベルクやKSVトレプトウに加わっていった。マグデブルクではクリケット・ヴィクトーリアが、元ATSB選手を七人、レギュラーメンバーに受け入れた。これがプラスになって一九三四年には大管区リーグに昇格を果たした。ASVスパルタ1911ベルリン・リヒテンブルクに在籍していた選手たちは、その大部分がSCエンポーア・リヒテンベルクを創設し、このチーム名でブルジョア・スポーツ界に参加した。

労働者サッカー界で「人気を博した」選手たちも、ブルジョア陣営に移籍した。一九三三年、VfL05ハンブルクのセンターフォワード、ブルーノ・ハイネは、HSVに加わった。新聞の批評欄は彼を「練習不足」とかき立てた。しかし、彼は出場禁止処分が出された後では活動を止めざるを得なかった。全国選抜チームの選手であったハイネは、ドイツサッカー協会（DFB）に入れてもらうためには、前もってナチス党員二人に保証人になってもらわなければならなかった。後に彼はヴィクトーリア・ハンブルクに移り、「チャマーカップ」選手権試合で三ゴールを決め、チームは四対三で勝った。この活躍がシャルケ04への移籍につながった。

その他の選手たちは、表舞台から身を引いた。例えば、ヘルマン・シュミット（愛称ヘルミー）は、ハンブルクの左派的チーム、ＶｆＬ０５のレフトウイングであったが（このクラブチームは一貫として左派の立場をとり続けた。左派とは、当時はドイツ共産党を意味していた）、クラブチームが禁止されたあと（「非合法」団体として）、ビルシュテットの町外れで、ユダヤ人クラブチームのバー・コホバと最後の試合を行った。「私は、この試合後、スポーツに対する喜びを失った。あのときが私の終わりであった」。クラブチームの集会場「ヴーハープフェニヒ」ではナチス突撃隊の会合が開催されていた。一九三三年四月一日、ドイツ共産党とＶｆＬ０５のシンパは、この集会場の食堂に爆弾を投げた。ハンブルク特別裁判所は一九三四年に二九人を被告とする審理を行い、一人を死刑に、残りを重い有期刑とする判決を下した。

『赤色北部スポーツ』新聞は、編集方針に「沿岸地方【北海やバルト海】の赤色スポーツ運動家の機関紙」となる方向性を掲げているが、国家警察は、ハンブルクでこの機関紙の編集・発行人に対し、一九三三年の秋にはもう壊滅的な打撃を与えていた。そこで会合と〈陰謀〉の場所の一つに、すでにふれたドイツ選抜チームの選手であるアウグスト・ポストラーの両親の住まいが選ばれた。ポストラーは逮捕され、一九三四年三月十四日、裁判が始まらない段階で、拘留中に命を落とした。七五キロだった彼の体重は、死の直前にはわずか五二キロになっていた。彼のローテンブルクスオルト時代の同僚であるヴァルター・ボーネは、ロールベーアー３２でも共にプレーをしたが、一九四四年一月五日、ハンブルクで秘密国家警察により路上で射殺された。

殺戮されたサッカー選手

ポストラーやボーネと同様に元労働者選手の多くがナチス司法とナチス・テロの犠牲となった。一九三四年、ザクセンのプラウエンにある特別裁判所に、六二人のドレースデンの労働者選手が訴えられた。この選手たちには合計すると五五年の有期刑が科せられた。ベルリンのパオル・ツオーベルといえば、元ATSB幹部であり、後に「赤色スポーツ」の重要な幹部になった人物であるが、一九四五年、ダハウ強制収容所で命を失った。エルンスト・グルーベは、「赤色スポーツ」の委員長であったが、一九四五年、ベルゲン・ベルゼン強制収容所で伝染病の発疹チフスにかかり命を落とした。ハーゲンのサッカー選手ゴットフリート・フランツは、一九三四年、ファシストにより撲殺され、ハインリヒ・ボーネは、一九三五年、独房で首をくくった姿で発見された。アードラー08ベルリンという選手権保持チームに所属し、その一一人の代表の一人、アレックス・ヤコビは、強制収容所で殺戮された。ドレースナーSV1910という、これも選手権保持チーム出身のヴァルター・ペトルーチュケは、何度も全国選抜に選ばれた選手であるが、「保護監察大隊九九九」の収容先で命を落とした。ドレースデンの選手、ハインツ・シュタイアーは、ギリシャでドイツ軍によって絞首刑に処せられた。今日では、故郷のスタジアムは彼の名前にちなんで命名されている。労働者サッカー選手で、抵抗運動に加わっていった人びとの中にはナチスにより殺戮された選手もいた。例えば、ルートヴィヒ・モルドウルズィクがその一人であり、彼は選手兼FTマンハイムの競技委員会会長を務めていたが、一九四二年に殺害された。フェリクス・トゥホラは一九四三年に、また、ヨハネス・ツォシュケは、一九四四年に殺された（この最後の二人は、ベルリンのASVスパルタ・ルクセンブルクの選手であった）。

ドイツの労働者スポーツ選手たちの中には、亡命先で競技を更に続ける人びともいた。一九三六年、プラハで開かれた国民スポーツ・競技大会には、ドイツからの選抜チームが参加した。ここでは亡命を余儀なくされた選手たちも一緒にプレーをした。この亡命者を含むドイツ選抜チームは、他の七〇チームと共に、一九三六年七月十九日から二十六日までバルセロナで開催予定の〈対抗オリンピック競技（民衆オリンピック）〉にも参加をするはずであった。しかし、その開催当日に、フランコの反乱が重なり、スペイン内乱が始まった。ドイツの労働者選手たちも共和国側にたって闘った。

一九四五年以降になると、労働者スポーツの伝統を継承しようと首唱する人びとの運動が見られた。しかし結局は、一部の元ATSB幹部たちをも一定の力を持つ地位に配置する、統一したスポーツ協会でまとまろうという案で合意がなされた。ドイツサッカー協会（DFB）は、よく知られているように、その伝統をそのままに継続した。ナチス時代に役員であったり、ナチス党員であった幹部たちも交代せずに。

（ヴェルナー・スクレントニー）

第3章　第三帝国で六度のチャンピオン――シャルケ04の事例

「そもそも、第三帝国におけるシャルケの凱旋行進の実現にはまさに象徴的な意義があると言ってよいであろう。（中略）ちょうどクツォラとセーパンを取り巻く仲間たちは、全共同体の熱狂にいかに力が含まれているのかを感じかつ認識したところなのだ。（中略）結局、芸術家あるいは演説家と同じように、サッカー選手もまた、その業績に参加する公衆の体験から、そしてその呼びかけに多くの声となって応じる反響から、新たに力を獲得し、自身を超えて成長するのである。こうしたことを鑑みれば、シャルケのチームは、ナチズムの前提条件と極めて密接な関係を持っているのだ。ここではまさしくサッカーは運動という意味において行われる。（中略）シャルケはドイツになった。とにかくドイツになった」

（ハインツ・ベルンス／ヘルマン・ヴィールシュ、『ドイツのサッカーのチャンピオンに関する本、二人の男と一つのチームの歴史』、ヴァッテンシャイト、一九三六年）

ＦＣシャルケ０４。その名前は大衆を活気づける。それはしかし、このクラブに地域を超えた注目をもたらした、ヨーロッパサッカー連盟カップのほとんどセンセーショナルと言ってもよい、あの一九九七年の優勝以降初めてそうなったということではない。シャルケはもともと、ルール地方の炭鉱地帯の真ん中にあって、多くの人の願いや希望が結晶化する場所であり、宗教なのである。つまり、何千もの人たちがトーン、ヴィルモッツ、アイケルカンプのいるパークスタジアムへと詰め掛けるのである。

ヨーロッパカップの勝者であるシャルケは、六〇年前、非常に大きな国内的な成功を収めていた。シャルケは、全七回のドイツ選手権タイトルのうちのまさに六回をナチズムの時代に獲得しているのである（一九三四年、一九三五年、一九三七年、一九三九年、一九四〇年、一九四二年）。加えて、一九三七年にはカップ王者にもなっている。そのシャルケの時代の主役は、エルンスト・クツォラとフリッツ・セーパンであった。「彼は少しのろかった。そう、あのフリッツは」と、クツォラは彼の義理の兄弟であるセーパンについてかつて語ったことがある。「しかし、彼は、天分の才能でもってサッカーをプレーすることができた。私は、得点嗅覚を持った危険なドリブラーだった。セーパンはボールを愛撫するように扱い、それを巧みに味方選手にパスし、試合を組み立てることができる男だった。私たちは本当に素晴らしいコンビだった」。

そのうえシャルケは、一九三三年から一九四四年の間、合計一一回大管区選手権に優勝している。四シーズンにわたって彼らは無敗を続け、それぞれのシーズンに（一八回の対戦において）たったの一ポイントを取りそこなっただけであった。

偶然なのか？　あるいは、シャルケはナチスによる集中的なスポーツ政策的干渉の対象であったのか？

ゆりかごとしての立坑設備

現在ゲルゼンキルヒェン市の市区となっているシャルケは、一八五〇年には四〇〇人の住民の住む小さな村であった。ヨーロッパで工業化が進んだとき、この村は急激に変化した。鉄鋼・石炭地区の真ん中にあるシャルケは、ゲルゼンキルヒェン市の鉱山集落に発展した。一八六〇年代には、製鉄所の「グリロ・フンケ」、立坑設備の「コンゾリダツィオーン」と「グラーフ・ビスマルク」が生まれた。仕事場は十分にあり、そのために外から重労働者が供給されなくてはならなかった。労働移住者は、主にポーランドと東部ドイツ地域からやって来た。一八九〇年には、ゲルゼンキルヒェン市の住民の八一・八％はポーランド人とマズレーン人【スラブ系民族で旧プロイセン南部、現在のポーランド北東部に住む人びと】であった。後のシャルケの優勝イレブンのチーム編成に目をやると、そのことが証明される。その男たちは、クツォラ、セーパン、チブルスキー、カルヴィツキー、ブルデンスキーという名であった。

サッカーは、ルール地方に急速に広まった。なぜなら、一つには当然、このスポーツには費用がほとんどかからなかったからである。もう一つには、故郷から離れた労働者が求めていた帰属意識を見事に生み出したからである。複数のクラブが創設されたものの、もちろん先ずは「野生のまま」であった。それは市民的なドイツサッカー協会（ＤＦＢ）とはつながらず、また組織化された労働者スポーツ運動の構成要素でもなかった。ＤＦＢは、こうしたストリートチームを「無秩序である」として拒否した。それとは反対に、労働者スポーツ運動は、通常、政治的な活動に参加することを期待したが、この「野生のまま」のクラブとその会員たちは、それにどうかかわったらよいのかがわからなかった。

立坑設備「コンゾリダツィオーン」では、後のＦＣシャルケ０４の前身が誕生した。「スポーツクラブ・ウェストファリア・シャルケ」という名称で、一九〇四年五月四日に、「コンゾリダツィオーン」の若い労働者たちが、自分たちのクラブを設立した。「コンゾリダツィオーン」の鉱山監督係員で、計量長であるハインリッヒ・ヒルガートが最初の会長になった。一九一二年、このクラブは、「体操クラブ・シャルケ７７」に加わった。ここで初めてフリッツ・ウンケルという名前が現れてくる。彼は、「パパ・ウンケル」の愛称で、後に非常に人気を博したＦＣシャルケのクラブ会長である。ウンケルは、倉庫管理者として、「コンゾリダツィオーン」鉱山で働いた。

体操クラブの中でサッカー活動が行れるというスポーツ的な結びつきは一二年間続いた。その後、サッカーというスポーツは、自立したというだけではなく、体操家たちを観客の人気や魅力の点でも凌駕した。そのときまで下部組織に位置づけられていたサッカーという部門は、体操クラブから完全に離れ、一九二四年にＦＣシャルケ０４が誕生した。

この年、三万六〇〇〇人の観客を収容可能な、有名な「グリュックアウフ＝カンプフバーン」が建設された。これは長年シャルケのスタジアムであった。ゲルゼンキルヒェン市が財政的な援助を行っていたので、一九二八年以降、このサッカークラブは、「ＦＣゲルゼンキルヒェン＝シャルケ０４」

と名乗った。この年、シャルケ０４は、西部ドイツチャンピオンになった。トップに国民《ナショナル》民主主義的な考え方の男がいた「コンゾリダツィオーン」の会社経営陣は、成功に満ちたサッカー選手たちによるイメージアップ効果を見抜いていて、すぐに優遇措置を導入した。つまり、シャルケのサッカー選手たちは、地下にもぐって行く必要などなくなり、より簡単な仕事を手にしたのだった。エルンスト・クツォラは、たしかに鉱山労働者の仕事を覚えたが、しかしサッカーの全盛期には地下にもぐって働くことなどほとんどなかった、と公言してはばからなかった。「当時私が石炭を採掘して得たものでは、一ポンドのえんどう豆を煮るのもままならなかった」と。

　サッカーというスポーツは、当時猛烈な上昇気流に乗っていて、シャルケの試合は一万人の観客を集めた。こうした発展の吸引力で、選手の給料が支払われるようになった。最初は秘密にされていた利潤性というものが導入されたため、スポーツは商業化された。換言するならば、見せ掛けのアマチュアリズムが支配したのである。こうした矛盾からどのような葛藤が生じ得たのかということを、重要な結果をもたらした一九三〇年の出来事が示している。この年の八月二十五日、西部ドイツ競技協会（ＷＳＶ）の決定部会は次のような判断を下した。それは、ＦＣシャルケ０４のトップチームの選手のほとんど全員が、アマチュアの立場に何重にも抵触する職業選手であり、同協会の競技活動から即刻締め出される、というものであった。

　その判断の中では次のように述べている。「現金出納簿とそれに付随する領収書の詳細な検査は、アマチュア規定への著しい抵触を証明した……」。この検査では、残っている帳簿の領収書、そして関与した役員会員と選手の告白に基づいて、以下のことが明らかになった。

一　トップチームの選手たちは、定期的に、定款で許されているよりもかなり多く諸経費のための現金を得ていた。
二　選手たちは、こうした諸経費とともに、定期的に、試合への貢献に対して、かなりの賃金の支払いを受けていた。
三　こうした選手たちの多数は、さらに贈り物、貸付金、職業的立場の優遇という形での別の手当てを受けていた。

決定を批判できる者などほとんど誰もいなかった。シャルケの選手たちはほとんど例外なく労働者の出身であった。彼らは失業の増大によって脅かされ、実際に失業していたのだった。彼らが、観客収入の増加により潤ったクラブからの手当ての受け取りを拒否しなかったことは明白である。「シャルケではお金が支払われていた」と、すでに故人となった、当時の代表チームのゴールキーパーであるハンス・ヤーコプ（ヤーン・レーゲンスブルク）は認めていた。しかしながら、ルール地方のジャーナリズムは、感情的に、そして非常に大きな憤慨を伴って反応した。『ビュルシュ・ツァイトゥング』紙は、一九三〇年八月二十七日に次のようなタイトルを掲げた。「シャルケに対する陰険な攻撃――スポーツ官僚がチャンピオンクラブのシャルケ04を圧殺する」。選手たちもまた、彼らのクラブに忠誠の立場を取った。彼らは、外国のクラブからの儲かるオファーを拒否した。こうしたことは今日では考えられないだろう。

スポーツに関心を有する公衆からのさまざまな圧力を受けて、九カ月後にこの出場停止は解けた。にもかかわらず、ヴィリー・ニーアにはこの恩赦は遅すぎた。このシャルケの財政担当者は、彼のクラブの試合禁止の後に自殺していたのだった。「クラブに責任を負わせられた定款への抵触に、深いところにまで巻き込まれていたらしい」と、歴史家のタイヒラーは記している。「彼は、公への暴露と、律儀な銀行員としての彼の職業的自尊心とを調和させることができないと考えたのだ」（タイヒラー　一九八七年、一五九頁）。

ところで、出場停止が解けてからの初戦に、七万人から一〇万人の間の観客——出典により異なる——が詰め掛けた。「平日の一九三一年七月一日に、途方もない数の群衆が、シャルケの労働者地区から押し寄せてきた。その群衆は、雪崩のように、『グリュックアウフ＝カンプフバーン』スタジアムとその周辺に流れ込んできた。生垣やフェンスは、マッチ棒のように踏みつぶされ、騎馬警察隊は試合場から人を追い出さなくてはならず、ゴール裏の針金のネットのところでは、多数の群れを成したシャルケファンのならず者たちがしゃがみ込んでいた。何千もの人びとが周辺の家々の屋根から観戦しており、近くにあるガスタンクさえもよじ登られていた。約一〇万の人間が一つの親善試合に押し寄せてきたのだ。何万かの人びとは、試合自体を、その取るに足らない一齣さえもほとんど見ることができなかった」と『キッカー』誌は記している。

「労働者階級の勝利」：シャルケとナチズム

しかし、シャルケの素晴らしい時代はナチズムの時代に含まれており、それが単に偶然の時期的な重なりに過ぎないのかどうかが、これまで議論されてきた。

ディートリッヒ・シュルツェ＝マルメリングは、彼の著書『飼いならされたサッカー』の中で次のように書いている。「どの程度、シャルケの成功の時代とナチスの支配との時間的な平行性が偶然であったのか、どの程度、そうした成功が意図的なスポーツ政策的干渉によって生まれてきたものであったのかを、最終的に確信して説明することはできない。しかし、このシャルケの飛躍は、ナチスの権力掌握以前の、そして完全に異なる政治的環境の中での何年間かですでにはっきりと現れ始めていた。したがって、『鉱員たち』の成功の時代をもっぱらナチスの人造品としてのみ解釈する者は、いずれにせよ間違っていると言ってもよかろう」(シュルツェ＝マルメリング　一九九二年、一一七頁)。

素晴らしいサッカー選手たちが、ファシズム的なプロパガンダの目的のために手段化されたということは、もちろん事実である。つまり、知識人に敵意を抱いていたナチスは、シャルケの勝利を「労働者階級の勝利」として歓迎したのだ。一九三六年にシャルケのアイドル、フリッツ・セーパンとエルンスト・クツォラについての一冊の著書を出版したハインツ・ベルンスとヘルマン・ヴィールシュ(本章冒頭引用文参照)は、当時このテーマに関するクツォラの思想と称するものを文章にしている。「ときどき、なぜよりによってシャルケという工業地域における労働者チームが、ドイツのサッカーというスポーツが与えうる最も輝かしいタイトルを勝ち取ったのか、という質問がなされる。われわれは、たとえかりにわれわれの中の全員が肉体労働者ではないとしても、労働者チームと呼ばれることを不快には思わない。私が思うに、労働者とはまったく誇り高い言葉である。それは、まさにこの地域において、そしてありがたいことに今日再びドイツ全土においても、である(アドルフ・ヒトラーにも説得されない若干の思い上がった人びとを除けば)。最も高い立場であろうが、より低い立場であろうが、義務を実行するすべてのドイツ人は、新しくて幅が広い、真の言葉の意味における『労働者』

「力強い腕とまっすぐなまなざし」と、『サッカー』誌は、1936年の決勝戦での、このエルンスト・クツォラの写真に説明をつけた

なのである。そしてサッカーというスポーツに関していえば、そう、まさに労働者とは、より狭い意味での、ドイツのスポーツ運動の熱心な担い手なのである。そして、われわれシャルケの選手は、こうした労働者とともに生活し、戦い、勝利することを誇りに思うし、また嬉しく思う。私たちは、別にいわゆる知能労働者に近づきたくはないし、私はまったくよく次のように思う。シャルケ０４が学生のチームであったなら、多かれ少なかれ学卒者たちのチームであったなら、そして伝統的な意味で『市民的』と規定されるものであったならば、私たちは私たちがなし得たことを達成できなかったであろう。なぜなら、このことはすべて、より深い理由を有するからである。すでに若年で作業工程に組み込まれ、いつも簡単にいくわけではない現実の重みを存分に思い知らされた学童たちは、ほぼ連続して一五年間、あるいはもっと長い期間学校に通い、父親の財布からその生活費を支払うような者たちよりも、早くに成熟し、とりわけまたたくましく、粘り強く、精力的である。さらに、ひょっとするとこうしたこともまた言えるのかもしれない。大学で学んでいる人間は、あまりにも疑問を持ち過ぎるので、喜んで応答する決断力を奮い起こすことができないのだ。その決断力とは、スポーツでは、例えば政治――この証拠をここでは

アドルフ・ヒトラーを挙げるだけで十分だろう——などのような他の分野と同じように、まず第一に重要なものであるのかもしれない。私は、いわゆる知識階級クラブにおいて、つまり上品ぶった傾向のあるいかにも市民的なスポーツクラブにおいて、たしかにそのクラブの青少年チームが他のクラブの対戦相手に勝っている、ということを確認した。しかし、トップチーム（著者注：成人）に昇格すること、大事な力試しの場で合格することとなった場合には、あまりにしばしば、まさにこうした後を引き継ぐ選手はだめになるのである。彼は、リーグを戦う一人一人の中では役に立たない。単純に軟弱すぎるからだ！　なぜなら試練、すなわち人間を強くするための最終的な鍛錬が欠けていたからである。おそらく生き残りのための戦いと、シャルケの中で知るような、しらふで労働しても貧困が迫り来る日常だけが、そうした最終的な鍛錬を与えることになるのだ。だから、市民的な人びとは明らかに、身体的そしてまた精力的にも、強靭な忍耐力ならびに力を最後まで出し切ることが必要になる大きな戦いのための要求に応えることができないのだ。こうしたことの事例にはまったく事欠かないだろう！　加えて次のようなことも言えるだろう。定まることのない、多くの関心をもつために、青白く弱々しい思想によって虚弱になったこうした人間たちには、スポーツに対する大きな愛情、そしてそれなしでは大きな事柄の成功はまったく不可能といえる物事に対する熱意というものが欠けているのだ」（ベルンス／ヴィールシュ）。

シャルケの専門家であり、文筆家であるハンス＝ディーター・バロートは、これらの文章の信憑性について、強い疑念を表明している。「エルンスト・クツォラの話し方や明確な文構造が苛立ちを誘う。しかし、決して彼はそのようには話さなかった」と。バロートが述べるように、著者たちは、

「一九三六年にはすでに、その五〇年後マイヤーという極めてドイツ的な名前を持つ一人のフランス人が、ハラルト・シューマッハー（愛称トニー）のときに利用した仕事のやり方を実践していた。当時も現在もサッカーのスター選手たちは、ジャーナリストに長時間の会話の中でその人生を語っている。著者たちは、語られたものをジャーナリスティックに解釈しようとする。一九三六年の文献の六五頁では、エルンスト・クツォラと詳しい話をしたということが示されており、著者たちは、彼らが書いているように、クツォラの見解を間違って解釈してはいないと信じていた。そのとき、エルンスト・クツォラは、かなり発言を仕向けられていたのかもしれない」（バロート　一九八八年、一一八頁）。

一九三三年に、シャルケのクラブ新聞が、スポーツ選手、民族、祖国について寄稿した内容は、ともかくも本物である。「スポーツ選手は、素朴で、生活に肯定的な、戦いを楽しむ若者である。彼は、その身体の競技に喜びを感じ、強く、戦いと勝利を欲し、抑えがたい喜びと爽やかな向こう見ずさをともなって、緑の芝の上そして自然の中で仲間たちとともに走り回る。（中略）彼は男、完全な男でなくてはならない。闘争意欲があり、闘争能力に優れた男である！　そうした男の基本的な特性は次のことである。身体的な達成能力（持久力、パワー、スピード）、巧みさ、内なる卑しさに対する厳しさ、意志の強さ、勇気と決断力、規律、秩序を好むこと、友情、そして最も親しい人びと、郷土、民族、国家のために抵抗し、犠牲となる気構えである」。そのような男たちは、「青白く弱々しい思想によって軟弱化されて」はならないのである。クツォラの文章が疑われるに違いないとしても――おそらく、成功に満ちたサッカー選手の性格や達成力についての基本的な合意というものが広く存在していたのであろう。そして、このような理想像において、クツォラは、ナチズムの時代においてかなり評価される人間のタイプに近かったのである。

第二番目のシャルケの宣伝用の人物であるフリッツ・セーパンもまた、ベルンスとヴィールシュによって言及されている。セーパンは、一九三四年のイタリアにおけるサッカーワールドカップでの彼の体験から、以下のように語ったという。「われわれにとって、特に私にとっては本当に、そのとき忘れがたい光景が広がっていた。私は、ムッソリーニの前に立っていた。ムッソリーニと向かい合い、上方にはわれわれの帝国の旗が翻っている。競技場には、ドイツの歌とホルスト＝ヴェッセルの歌【若くして死んだナチ党員ホルスト＝ヴェッセルが作詞し、ナチ党党歌となった。後にナチス時代に第二の国歌としてよく歌われた】が鳴り響いている。このとき——それが心に響くことを君たちは理解できるか？（中略）まずはすべてのことに慣れなくてはならないのだ。そのとき、『ちっぽけな』シャルケの選手であり、『ルール地方の炭鉱地帯』からやって来た男である、この私が、突然、イタリア首相の前に立っているのだ。ドイツへの敬意、つまり結局は、その精神から私たちはプレーを行ったし、また常にプレーを改善していくことになるのであろうアドルフ・ヒトラーへの敬意を受け止めるために」（ベルンス／ヴィールシュ、八五頁）。

こうした証言も、おそらく同じように著者たちの熱情が混ざっているのであろう。だが、その他の資料も、セーパンというサッカー選手にわずかに光を当てている。一九三八年、オーストリアの強制併合の後、「大ドイツ国議会」のための「選挙」が実施された。新聞のスポーツ欄には、著名なスポーツ選手たちがナチスに投票するよう促している広告が登場した。『フェルキシャー・ベオーバハター』紙では、投票日の四月十日に、オーストリアとドイツの両代表チームのキャプテンによる投票の呼びかけが掲載された。ドイツ側はセーパンが署名したのだった。そのうえ、フリッツ・セーパンは、一九三九年のアドミラ・ウィーンとの決勝戦での勝利の後に、帝国スポーツ指導者であるフォン・チャマー・ウント・オステンによって、「帝国サッカー専門部局の評議員」に任命された。両方の出来事は、（喜んで行った？）外部の強制への順応とみなすことができる。

しかし、一九三八年、シャルケにおいて、ユダヤ人商店が公用徴収されたとき、セーパンもまたそれに便乗している。シャルケ市史では、一九三八年十二月五日の日付で次のように書かれている。「シャルカーマルクトにある、ユダヤ人経営のデパートであったユリウス・ローデ&コーポレーションは、アーリア人の手に渡った。それは、シャルケのセンターフォワードであり、売り場に繊維製品の専門店を開設したフリッツ・セーパンによって経営される」。セーパンは、一九四一年のシャルケ04とラピッド・ウィーンとの間の怪しげな決勝戦（三対四）の後に、準優勝選手の栄誉を称えるピンを受け取った、そういう男でもあったという――クツォラは、セーパンが受け取ることになるその前に、表面上はそれを拒否した。「私たちは、政治とは関係がない」と、クツォラは帝国スポーツ指導者であるフォン・チャマー・ウント・オステンに怒鳴りつけたらしい。そのように当時のチームメイトであるヘルベルト・ブルデンスキーは報告している。エルンスト・クツォラは、ラピッド・ウィーンの勝利が、最上層部の影響力によって指示されたと推測していたという――併合されたオーストリア地域にも大ドイツのサッカーのチャンピオンを誕生させようとして。試合経過はこの推測が正しいと思わせるものであった。なぜなら、シャルケは、ラピッド・ウィーンの選手が――ペナルティーキックとフリーキックを利用して――状況を変えることができたその前の時点で、まず三対〇となるゴールでリードしていたからである。

しかし、ウィーンでは、それとは異なるある見方が広まっている。優遇などなしに、猛烈な挽回によって優勝のタイトルを勝ち取ったのだ、と――そして、そのために苦々しい代償を払ったのだ、とも。三得点したビンボ・ビンダーは、その素晴らしい勝利の翌日、戦線行きを命じられたのだという。そのうえ、アドルフ・ヒトラーは、激しい怒りに震えてスタジアムを後にしたらしい。シュルツェ＝マルメリングが記すには、「なぜなら、オーストリアのチームのすべての勝利は、オーストリアの反プロシア的なナショナリズムを育み、またそれによって帝国の結束を脅かすように思われたからである」（シュルツェ＝マルメリング、一四〇頁）。さらには、シャルケ０４という名前がすでに決勝戦の前に優勝トロフィーに彫り込まれていたといわれている。つまりは、根も葉もない噂だということか？その時代の生き証人であるヴォルフガング・ヘンペルは、そう、噂話だと考えている。

青白の豚

というわけで、セーパンはユダヤ人の公用徴収によって利益を得たのだった。労働者地区としてのシャルケは、全体的に見てユダヤ的に特徴づけられてはいなかった。選手の中にユダヤ人はいなかったが、しかし、ゲオルク・レーヴェカンプがその著書の中で述べているように、「このクラブが市区を代表するようになっていくと、それは当地に住む実業家にも支援されることになる。歯科医のアイヒェングリューン博士は、ほぼ一九三三年頃まで役員を務め、ナータン何某かという者が広報委員会の責任者となった」（レーヴェカンプ　一九九六年、一三五頁）。

フリッツ・セーパンに1933年の選手権優勝の祝福をする帝国スポーツ指導者のフォン・チャマー・ウント・オステン。

選手たちは、二人のユダヤ人の肉屋と活発に交流していた。「町で一番安い肉屋」であるレオ・ザウアーは、優勝祝賀会の際に、一匹の豚を青白に塗った。この動物は、パレードでは一緒に連れ回された。一九二七年、ザウアーは、サッカー選手のクツォラに運転免許証の代金を支払ってやり、彼を運転手として雇った。肉屋のザウアーは、一九二〇年代にはシャルケの役員にも定期的に名を連ねていた。

ユダヤ人の肉屋であるカーンのところには、シャルケの選手たちが、トレーニング後にいつも立ち寄っていた。彼らはソーセージ料理を食べて元気を回復していたのだ。一九三八年までは、彼の店のショウウィンドウにはポスターが掲げられていた。「私は、世界大戦時の前線の兵士であり、鉄十字勲章第一等の受章者である」と。このことは、周知のとおり、ナチスにとってはどうでもよいことであった。アイヒェングリューン、カーン、ザウアーの身に何が起きたのかはよくわからない。当時のシャルケのチャンピオンチームのメンバーであった、その時代の生き証人ヘルベルト・ブルデンスキーによってすら、これ以上のことはわからなかった。

繊維商人のセーパン、クツォラとその仲間たちが、実際にどの程度までナチ政体とそのイデオロギーに忠誠を誓っていたのかということについては、不明確なままである。たしかにオットー・チブルスキーは、彼がヒトラー式敬礼を拒んだと主張している——が、しかし、少なくとも大きな試合の際には、それは不可能であった。その代わりに、全員で右腕をヒトラー式敬礼のために伸ばしているシャルケチームの写真が存在している。『ヴェストドイチェ・アルゲマイネ』紙のスポーツ編集長で、シャルケの専門家である、ハンス＝ヨーゼフ・ユステンは、次のように考えている。「当時のシャルケの選手たちは、政治的な関心を持つ男たち、あるいは政治的に洗脳された男たちではなく、素朴な人間たちであり、懸命に働く男たちであった。彼らは、イデオロギーにあまり多く関わろうとは思っていなかった。このチームの精神的なリーダーは、エルンスト・クツォラであった——そして彼は、教養というものを完璧に言うことなどできなかったのだ」。

つまり、トレーニングにおける、また実際の生活における愚鈍な命令の受け手だったということか？　当時のシャルケの監督であるハンス・シュミット（愛称ブンバス）について、ＶｆＲマンハイムで後に彼の下でプレーしたルドルフ・デ・ラ・ヴィクネは次のように記している。「国防軍にいたわれわれ選手によく知られていた、かなりしわがれた声を持った大した男だった。（中略）決勝戦の前に（著者注：一九四九年）、彼は私たちに言った。『さあ、お前ら、中に入ろう、そして勝とう』と」。シャルケでも命令の受け手のための軍隊口調を使っていたということであろうか？

進んでナチスに利用された命令の受け手だったということか？　例えば、一九三七年九月九日のナチ党中央大会での試合で、看板クラブのシャルケがＶｆＢライプチヒに四対〇で勝ったときもそうだったのか？

「選手たちは、名誉として突撃隊に受け入れられた」と、文筆家であり、ゲルゼンキルヒェン市史研究所の共同研究員であるシュテファン・ゴッホは説明している。ゴッホによると、特定の試合に勝利した場合には、サッカー選手としての地位が向上した。ゲルゼンキルヒェン市におけるシャルケの優勝チームの出迎えと多数の祝賀会を組織するということが、ナチ党管区宣伝指導者であるヴィルヘルム・ブンゼの仕事であったという。ゴッホは、青と白のクラブの旗とともに、黒白赤の三色旗および鉤十字の旗が、ゲルゼンキルヒェン市とシャルケのクラブハウスを飾った、と彼の寄稿論文に記している。シャルケの選手たちは、いつも突撃隊の名誉代表団によって迎えられ、「全員の口から鳴り止もうとしないハイル！　の掛け声が響き渡った」とベルンスとヴィールシュは報告している。「当然、その夜に大規模な参加者によって実施されるたいまつ行列は欠くべからざるものであった。（中略）もう一度、手短な勝利への称賛、それは総統と民族へのジーク・ハイルの声となって終わるのだが、その後には喉から鳴り響くドイツの歌、そしてホルスト＝ヴェッセルの歌を歌うのである」（ベルンス／ヴィールシュ）。

すでに一九三四年に、ナチ党の地区指導者は、以下のようにチャンピオンへの称賛を呼びかけている。「今日、ドイツのサッカーのチャンピオンを迎える。ナチ党はチャンピオンへの称賛を呼びかける。ドイツのサッカーのチャンピオンであるシャルケ04は、明日一九時頃にゲルゼンキルヒェン中央駅に到着する。ヴェストファーレン北部大管区のすべての役所とその支所は出迎えに行く。とても愛すべき、勇敢なシャルケチームへの大きな共感の証を示すために、以下のような民族と密接に結びついた祝典の開催を決定する。月曜日二〇時頃、祝典の場所（シャルカーマルクト）にて、役所とその支所、民族同胞による新たなチャンピオンへの祝賀の歓迎挨拶と栄誉称賛がなされる。すべてのスポーツファンは、この民族のチームを祝典挙行の際のその出席によって称賛されたい。ナチ党シャルケ・ケスラー地区指導部。一九三四年六月二十四および二十五日付」（ベルンス／ヴィールシュ）。クラブハウスの食堂であるティーマイアーでの優勝祝賀会の際に、ナチズムの市長ベーマーは、クラブ会長のウンケル、そしてシャルケの選手たちにベーマーの献辞が添えられていた、アドルフ・ヒトラーの『我が闘争』を一部手渡した。

同じくベーマーは、一九三五年のタイトル獲得後すぐに、FCシャルケ04に以下のような祝電を送った。「君たちの故郷は、君たちに、その素晴らしい戦いに対して心からそして大きな誇りとともに祝辞を送る。全ゲルゼンキルヒェンが熱狂している。本当におめでとう。ハイル・ヒトラー！　署名　ベーマー　市長」。

一九三七年の選手権の後、この市長はシャルケの勝利をナチスの勝利と結びつけた。彼の後で、ナチ党管区指導者コッソルは次のように述べた。「戦う者、また戦士となることを望む者は、ナチスの友人である。総統は、彼の助けによって、すべてを共同体にささげる気構えにある人物を手に入れるのだ。〔成功した監督である、シュミット（愛称ブンバス）は〕有力な役所やナチ党機関からの承認を得るにふさわしい」。

一見すると、たしかにシャルケの選手たちは、ヒトラー政体の狂信的な主唱者として抜きん出た存在だったわけではなかったように見える。推測するに、大部分の選手たちは、公にはほとんど政治的な発言を行わなかったであろう――セーパンを例外として。しかしながら、彼らは、――多くの労働者のように、サッカークラブの信奉者のように、その他のサッカー選手と同じように――ナチスの危険な活動に魅了されたのである。

何人ものその時代の目撃者が主張しているような、スポーツは政治的な影響を受けていなかったとする考えは幻想である。

明らかに抵抗は生じなかった。兆しすらもなかった。例えば、抵抗するとは次のようなことを意味するのだろう。ナチスによって手段化された、このシャルケというチームからの撤退である。こうしたことは、多く求められていたであろうに。誰もそれをしていなかった。彼らはともに行ったのだ。つまり、ナチスにとって、シャルケのサッカー選手たちを取り込むことは容易であったのだ。そして、ナチスから勝利への意欲、友情、献身への心構えといった付随的な美徳に過剰な意味が与えられることによって、シャルケのサッカー選手たちは、サッカーに関心を有する大衆に対してファシズムのイデオロギーを注入するという大きな代理機能を担わされたのである。

シャルケという小宇宙は、ナチスによって一国の繁栄を表す例とみなされた。

▼インタビュー「試合は操作されていた」

ヘルベルト・ブルデンスキー（シャルケ０４）とのインタビュー

ヘルベルト・ブルデンスキー（一九二二年生まれ）は、シャルケで一九四〇年と一九四二年にドイツチャンピオンになった。ＳＶベルダー・ブレーメンのゴールキーパーであった彼の息子ディーターも、父ヘルベルトと同じように、代表チームに召集されたことがある。現在ヘルベルト・ブルデンスキーは、ＦＣシャルケ０４の資料館の管理人である。彼は、一九九八年の春に、「資料館の鍵は、私にとって、シャルケに関わる神聖なものであり」、「それを人に預けることはない」と述べている。

シャルケの優勝メンバーたちは、毎朝炭鉱労働者として坑内へと下りていき、そしてそこから、泥まみれのまま、またものすごいたこができた手をしてサッカー場にできる限り直行するようにしました。それは美しい伝説なのでしょうか。それとも本当のことなのでしょうか？

いやいや、ここは炎が無数に上がる炭鉱の町だったけれども、われわれの中に炭鉱で働いていた者などいなかった。

エルンスト・クツォラについてはそう言われていますが……。

ディーターとヘルベルト・ブルデンスキー。

……彼は一四日間地下にいたけれども、それ以上はいなかった。私たちは、全員職業に就いてはいたが、しかし炭鉱労働者ではなかった。ほとんどが、手工業の分野で働いていた。私は商業関係の仕事をしていた。私たちは、スポーツに対して非常に寛大な形で雇ってくれた会社に所属していた。私たちは非常に多くの特権を得ていた。

具体的には？

そうだな、ときどき何日間か休みがもらえた。普段は会社で毎日約五時間働いた。

有名なサッカー選手たちは戦争でも特権が与えられましたね。

そうだ。私たちは、ほとんどの場合ドイツ国内に配属され、スポーツ休暇をもらい、試合に出ることができた。ただし、それは一九四一／一九四二年シーズンから変わってしまい、もはや優遇はされなくなった。ヒトラーが、すべてのトップ選手は戦線で能力を実証すべし、と命じたのだ。

それはなぜなのでしょうか？

まあ、ともかくもはや例外があるべきではなかったのだ。

そして、空軍大将グラーフの「赤い狩人」にいたフリッツ・ヴァルターのように、あなたは軍人チームにいたのではないのですか？

いや。そんな幸運には恵まれなかった。

どの戦線にあなたはいたのですか？

私はロシアにいた。その後、ケーニッヒスベルクで捕虜になった。

シャルケの話に戻ります。このクラブは、第三帝国において六回ドイツチャンピオンになっています。このクラブがナチスの庇護を受けていた、という疑惑がもたれています。

いや、それは断じてない。ナチスとの距離は非常に大きかった。シャルケは完全に中立だった。私たちは、こうした事柄とはいつも言われるような関係になかった。ナチスは当然、私たちが成功を収めていたから、私たちと接触を図ろうとしていたが、しかしそれは上手くいかなかったのだ。

こうした接触の試みはどのような様子でしたか？　あなたたちはナチ党への入党用紙を提示されましたか？

いいや、そんなことはなかった。ともかくも、私たちは、選手権の後には常に親切にもてなされた。そして、ナチスはそうやって私たちにもっと近づいてきたいのだろうということがわかった。ヒトラー自身が、一九三七年、ニュルンベルクとの決勝戦の前に、花束を携え私たちに挨拶しに来た。

私は、ヒトラーが彼の生涯の中で唯一見たのが、ベルリンオリンピックでドイツ代表チームがノルウェーと対戦し、〇対二で敗れた試合だと思っていました。

いや、それは間違いだ。彼はこの決勝戦のときにもその場にいたのだ。

シャルケの選手たちは、ヒトラーの政治に対して一体どのようなスタンスを取っていたのでしょうか？

そんなことに、私たちはまったく興味がなかった。私たちは別の話題をもっていたし、サッカーがプレーできればそれで嬉しかった。私たちは、試合の前にヒトラー式敬礼を行うように求められた。だから、私たちはそれを行ったのだ。私たちはナチスに歓迎されていて、もしもそれを拒んでいたなら、きっと大変なことになっていただろう。

では、ナチスを支持していた者など誰もいなかったと?

誰もいなかった。三対〇のリードから三対四で負けた、一九四一年のラピッド・ウィーンとの決勝戦の後を思い出してみるがいい。エルンスト・クツォラは、帝国スポーツ指導者であるフォン・チャマー・ウント・オステンから準優勝の銀のピンを受け取るのを拒否している。彼はこう言ったのだ。「チャマーさん、私たちがここで負けたということは政治であり、スポーツではありませんでした」。別な言葉で言えば、試合は操作されていた、オストマルク【一九三八年のナチスによるオーストリア併合後のオーストリア地域の公称】がチャンピオンになることになっていたということだ。ラピッド・ウィーンが得た二つの疑わしいペナルティーキックを、それ以外にどのように説明できるというのだ?

しかし、ナチスは、ラピッドのタイトル獲得に対して冷ややかな反応を示し、「優れているほうのチーム」が敗れたと発表しています。すべてはみせかけだと?

おそらくそうだ。

クラブの中には、第三帝国の時代、ナチズム的な再教育に責任を有する、いわゆる「全国体育連盟監督者」が存在したといわれます。この全国体育連盟監督者は、FCシャルケ04では何をしていたのでしょうか?

私たちにはそんな全国体育連盟監督者など全然いなかった。その代わりに、私はあなたにある別の例をお話しししたい。一九三八年、私は、シャルケのAユースの少年たちとブレスラウへ体操・スポーツ祭に出かけた。私たちは、ヒトラー・ユーゲントのユニフォームを着ていなかったということで、このスポーツ祭の出場を禁止されたのだ。

シャルケの役員やシャルケと関係する人びとの中にユダヤ人がいました。歯科医のアイヒェングリューンは、一九三三年にはまだ役員であったということですし、ナータンとかいう人は広報部の責任者であったといいます。その他にも、ユダヤ人の肉屋であるザウアーとカーンもいました。この二人はクラブと親密な関係にあった……。

……全員いい人たちだった。私たちも彼らを快く受け入れていた。そこでは差別などまったくなかった。

しかし、ナチスがやって来たとき、やっぱり差別が生じました。彼らユダヤ人の身に何が起きたのでしょうか——その肉屋はいつ店を失ったのでしょうか？

それはすべてひとりでになくなってしまったのだ。

どうやって？

われわれはわれわれの問題を抱えていて、彼らは彼らの問題を抱えていた。それが表に出てくることはなかった。それはひとりでになくなったのだ。

あなたはドイツ代表チームにも入っていました。そこでも同じように政治のことは話されなかったのでしょうか？

話されることはなかった。そこでは誰も政治に関心をもっていなかった。私たちは、プレーでき、存分に暴れまわることができれば幸せだった。そういえば、一試合ごとに得られる一四マルクも。仲間との関係は素晴らしかった。そして、多くのものがそこにはあったのだ。もちろん、私たちは直立不動の姿勢をとらなくてはいけなかったし、当時拒む者は誰もいなかった。

では、ヒトラーの政治のこと、戦争のことを考えたりしなかったのでしょうか？

考えなかった。

では、代表選手にも、あからさまにナチスの味方につく選手はいなかったということでしょうか？

いなかった。選手も監督も全然いなかった。協会の人たちはもちろんすでにいささかその傾向にはあったけれども。

第4章　「首都」は揺れ動く——FCバイエルンとTSV1860ミュンヒェン

ドイツにおける他のサッカー都市（ハンブルク、ベルリン）のように、ミュンヒェンはサッカーの競い合う地元チームに恵まれており、それがあってこそファンの生活にちょうどよいスパイスが与えられる。この競い合う両クラブは、周知のとおりFCバイエルンとTSV1860ミュンヒェンである。両クラブは、一九三三年にはすでに超地域的な名声を博していた。ミュンヒェンは、当時サッカーの中心地の一つに数えられていた。また同時に、この都市はナチスにとってシンボル的な価値を有していた。一九一九年、ここでヒトラーは、ドイツ労働党（後のナチ党）というまだ名の知られていなかった分派の一つに入党したのである。彼はここで、一九二三年、失敗に終わった反乱を試みている。そして、「総統」は、一九三五年以降、公式にもここを「運動の首都」とみなした。したがって、「首都」で最大の両クラブが新しい政治的権力の状況にどのように反応したのかは、特別に興味深いことである。

ミュンヒェンのサッカーのスポーツ的発展

市長であり、親衛隊グループ指導者であったフィーラー博士は、あくまでもTSV1860ミュンヒェンの選手および役員を、一九四三年の南バイエルン州選手権での優勝を祝う心地よい集まりのために、彼の自宅へと招待することにこだわっていた。おそらくFCバイエルンのチームとの祝賀会も同じく和やかなものになっていたであろうにもかかわらず。FCバイエルンが、一年後に「南バイエルン州」で勝ったときには、それが実現することはなかった。その代わりに「バイエルンの選手たち」には、気前よく一冊の本が与えられた。しかし、残念なことにはチームに市長からじきじき授与されるという機会はなかった。その代わりに、上記の本を秘書課に取りに来てほしい、という市長課からの通知を受けたのであった……。

一九四四年という戦争末期の困難な状況にもかかわらず、こうした小さな逸話は、ひょっとするとやはり、両クラブのナチスに対する関係の違いを際立たせてくれるのかもしれない。ミュンヒェン市立公文書館によって編集された文献『ミュンヒェンとサッカー』は、こうした事例研究にとって貴重な資料として役立つし、またそれは、より幅広い歴史とともに、両クラブの歴史に関する詳細な情報を豊富に含んでいる。

最初ミュンヒェンは、ことサッカーについては、その他の都市と比べて、むしろ後発者であった。バイエルン州のトップの仲間入りをするのは、一九二〇年代の終わりである。バイエルン州では、ニュルンベルクとフュルトのチームが他を圧倒するように王座についていた。それらのチームは、一九三〇年代の初めまで、HSVおよびヘルタBSCベルリンを抑えてドイツのトップを形成していた。

第一次世界大戦後は特に、FCヴァッカー・ミュンヒェンが大きな役割を果たした。このクラブは、第二次世界大戦が始まるまでの期間、ミュンヒェンで最も人気があり、最も多くの観客をスタジアムに集めたのだった（一九二二年のフュルトとの対戦では二万人）。

サッカーはとりわけ青少年にますます人気を博していき、またクラブは若年層の育成に集中的に取り組んだ。それは、選手権における成果およびミュンヒェンの選手の代表チームへの召集の増加が証明しているように、ほぼ一九二七年以降実を結ぶことになる。ミュンヒェン市選抜チームは、注目の的となる成果を収めた。つまり、一九二九年に強力なベルリンチームを六対一で破ったのだ。

一九二〇年から一九三〇年の期間では、1860ミュンヒェンが最も成功を収めたミュンヒェンのクラブであった。ドイツ全体のランキングでは六位となっており、そのすぐ後にFCバイエルンが九位に、ヴァッカーはともかくもまだ一四位につけていた。しかし、世界恐慌が特にミュンヒェンのクラブに大きな打撃を与えた。そしてその後は、それらのクラブは凡庸なところに沈んでしまった。FCヴァッカーは、ますますその重要性を失っていき、そしてまた、その他の両クラブも、一九三二年のバイエルンの優勝タイトル以後、ドイツにおいてもはや何の役割も果たさなくなった。こうした雌伏の時期は、ほぼ一九六三年のブンデスリーガ設立まで続いた。

ただし、TSV1860は、戦時中の一九四二年、優勝候補の最右翼と目され、当時多数の現役代表選手および元代表選手がプレーしていたFCシャルケ04との決勝戦で「チャマーカップ」を勝ち取ることに成功した。もっとも、この成功は絶対的なものではない。当時このカップが——帝国スポーツ指導者の名を冠したものであるにもかかわらず——ドイツにおいてまったく重要な価値を有していなかった、という事実があるからだ。しかも、多くのチームが国防軍へ選手を取られ弱体化していたので、1860ミュンヒェンの強さは限定的なものであるとしかいえなかった。

TSV1860ミュンヒェン――羊の皮をかぶった体操クラブ

FCバイエルン（またその他の今日もはや存在していないクラブ）と比較して、当時の「体操クラブ・ミュンヒェン1860」におけるサッカー部は少し遅れて設立された。すなわち一八九九年である。当初まだチームは、競争相手に明らかに劣っていた。しかし、一九〇四年以降はミュンヒェンのトップを形成した。多くの新しい選手が加入したからだ。その中には、一部ウィーンからやって来た強力な選手もいた。このクラブは、その魅力を良好なトレーニングの可能性から引き出していた。例えば市の郊外の二つの芝生グラウンドの使用権を有していた。しかし、この場所は夏のみ、しかも雨が降っていないときにしか使用できなかった。それから数年後、クラブはすでにグリューンヴァルター通りに四つのグラウンドを所有していた。

1860ミュンヒェンは、ミュンヒェン市の南にある労働者・小市民地区であるギージンクで設立された。そのことは、このクラブの社会構造にとって重要な性格を決定づけたし、ある意味では、今日でもなおそれを決定づけている。それはただ単にナチ政体への姿勢に影響を及ぼしたというだけではなく、サッカーチームのプレースタイル、そして特にプレースタイルへのファンと役員の期待にもまた同様に影響を及ぼした。今日までスポーツ的な成果（もしそれが生じるとすれば、だが）についてのベースは、戦うこと、力を尽くすこと、体力といった美徳であり、技術的あるいはプレー的な卓越性というものはむしろ例外的である。しかも、TSV（その名称が示すとおりに！）1860ミュンヒェンは、元来体操クラブであったし、この時点ではまだ体操部が決定的な役割を果たしていた。したがって、明らかに――反ユダヤ主義の傾向を伴う体操運動における――国粋的《ナショナル》・保守的な姿勢がクラブ全体の立場を特徴づけていた。その他の重点は陸上競技に置かれていたが、また重競技、ここでは特にボクシングもそうであった。すべては社会的環境によく調和していたスポーツ種目である。一九二〇年代に入り、カヌー、ハンドボール、モータースポーツといった部がさらに加わった。その中のまさに最後のモータースポーツという種目は、後にナチスの愛好スポーツ種目の一つとなるのだった。

しかし、労働者階級の会員は一部いたものの、このクラブが政治的に保守的方向性を有する市民的スポーツ運動に属するものであったことは非常に明白で、明らかに「労働者クラブ」ではなかった。階級意識をもった、政治的に左に位置する労働者は、独自のスポーツ運動の中で結びついていたのであり、他とのつながりが生じる余地はほんのわずかしかなかった。

突撃隊と義勇軍のための宿

そのように考えれば、いかにしてTSV1860の陸上部が、国防軍の一部によるクラブグラウンドでの毎日のトレーニング、詳しく言えば、一九一九年のミュンヒェンのバイエルン共和国の鎮圧の際に残虐行為を行い、後の突撃隊の出発点ともなったオーバーラント義勇軍に所属する者たちとの共同のトレーニングを受け入れるに至ったのか、という点が理解しやすくなる。

スポーツクラブと軍隊のそうした協力は、ベルサイユ平和条約（一一七条）の中ではっきりと禁じられていた。バイエルン州では当時、各種防衛部隊と国防軍は、「すべての国内情勢の新たな構築」の立場を代表しているという評判であり、つまりは民主主義の方向性をほとんど有していなかったのである。

後にレームとともにヒトラーの軍事顧問となったヴィルヘルム・ブリュックナー中尉は、TSV1860の会員だった（他の非常に多くの将校たちもそうであったように）というだけではなく、突撃隊員でもあった。突撃隊とクラブとの緊密な関係は、突撃隊自身がその訓練のためにクラブ施設を利用できたというほどにまで拡大していった。スポーツに関する軍事教官の一人は、クラブの会員であり、一九二四年のボクシングヘビー級チャンピオンでもある、ルートヴィヒ・ハイマンであった。ところで、このスポーツ的成功は、公式のクラブ史において誇らしげに、注釈なしで記録されている。ハイマンは一九三一年以降、『フェルキシャー・ベオーバハター』紙の最初の専属スポーツ編集者となった。

後に「第三帝国」における全スポーツ教育の責任者となるカール・クリュムメル少尉もまた、彼が一九一九年に五〇〇〇メートル走のドイツチャンピオンになったとき、国防軍の軍事教官であり、クラブの会員であった。コーチとして彼は、TSV1860の陸上競技部において指導的な役割を果たした。また当時、すでにクリュムメルは、スポーツが民族的《ナショナル》高揚を生じさせるために役立つという考えを主張していた。トレーニングの機会の提供にも言及している国防省への手紙の中で、「クラブは、軍隊の伝統を維持する者として、また兵士の美徳を刷新する者として適している」（ユーバーホルスト、一九七六年、三〇頁）と記した。したがって、ナチズムの運動自体にまで至るこのクラブと民族的《ナショナル》勢力とのつながりは、一九三三年よりもずっと前からすでにかなり緊密であったのである。だから、後にナチスが、なぜTSV1860においてそれほどに早く、それほどに徹底的に権力を握ることが容易であったのかは、簡単に説明がつく。

大衆現象としてのスポーツは、一九二〇年代には全体的に見て急激な上昇期に入っていった。それは特に、インフレーションの後に経済状況がゆっくりとよくなり始めた、ほぼ一九二四年以降のことである。こうした発展は、ミュンヒェンのクラブ全体と、また「ゼヒツィッヒの選手たち」【TSV1860ミュンヒェンの選手たち】ともまったく無関係であるわけはなかった。観客数は増加し、スタジアムは拡張され、これまで限られた範囲にとどまっていたバイエルン州広域リーグは、一九二三／二四年シーズン以降、第一FCニュルンベルクとSpVggフュルトといった南ドイツの一流クラブをミュンヒェンに連れて来た。

TSVは、ほぼ一九二〇年代の終わりごろ、これらのクラブに追いついた。一九二七年には初めてドイツチャンピオン決定ラウンドに参加した。しかし最後は、五月二十九日の準決勝で第一FCニュルンベルクに敗れた。大戦前の時代から古く国際的に知られたマックス・ブロイニッヒは、一九二五年以後のライオンたち【TSV1860ミュンヒェンの選手たち】の監督を務め、成功に深く関与した。それは、非常に優れたテクニシャンであり、チームにおける卓越した人格を備えたプレーヤーでもあったアロイス・プレドルも全く同じだった。ミュンヒェンの専門雑誌『サッカー』は彼を「サッカーの理念の権化」と呼んだ。プレドルは、まだ両腕を持っていたとしたら、おそらく確実に代表チームでプレーしていただろう。彼は、一つには片腕しかない者としてのハンディキャップを有していたし、もう一つには障害者として代表チームに受け入れられなかった。

ゼヒツィッヒのチームは全体として、プレーに関する大きな潜在能力を備えていたが、それはそれ以前と以後の全チームが決して有していなかった特性であった。フォワードのルートヴィヒ・ラッハナー（愛称ピピン：その小さな身体のためにそう呼ばれた）、ヨーゼフ・ヴェントル、ヨーゼフ・ホーナウアーが、一九二七年から一九三三年までのこうした栄光の時代に、何度も代表チームでプレーした。

ドイツチャンピオン決定ラウンドに参加した一年後、つまり一九二八年には、ライバルであるFCバイエルンに先行を許さなくてはならなかった。チームは、ようやく一九三一年に、再びドイツチャンピオン決定ラウンドへの参加を果たしただけでなく、決勝戦に進出した。対戦相手はベルリンのヘルタであった。しかし、TSV1860は、全ドイツのジャーナリズムの見解によれば、チャンピオンシップを騙し取られた。つまり、審判による三つのひどい誤審がこのチームに重くのしかかった。

チームは、戦争の開始以降、かなり頻繁にその姿を変えたが、それによってこのクラブはむしろ利益を得たのであった。新加入者の中には、ハノーファー出身のフォワード、ハインツ・クリュッケベルクと、PSVケムニッツから来た代表選手エルンスト・ヴィリモブスキーがいた。ヴィリモブスキーは、一九四二年にゼヒツィッヒの選手として代表チームのユニフォームをまとって四回投入された、このセンターフォワードは、それ以前にポーランド代表チームのユニフォームをすでに着ていたのだった。ポーランドのために、ヴィリモブスキーは二二試合に出場し、その中で二四ゴールを決めていた。サッカー専門部局ははたして、ヴィリモブスキーを無条件に認めるわけにはいかなかった。そこで、このポーランド人は、何といってもドイツ人の先祖を持っていたし、またさらに自分がドイツ人気質をもつ一人であることを公然と表明していたので、善良なドイツ人となった。しかし、ヴィリモブスキーは、決して落ち着くことはなかった。戦後、彼は、四〇歳を超えるまで異なるクラブでプレーした。後に彼は、最終的には夜警として働き、一九九七年にアルコール問題と警察とのいざこざで死亡した。

しかし、このクラブでも会長の交代はあったけれども、忍び寄ってきたこのクラブのスポーツ面での衰退は、ナチスによる権力の奪取とはまったく関係がない。むしろ、ライオンたちは、ナチスの権力を上手に、しかもいかなる抵抗もなく受け入れたのだ。

「ドイツ選手権と勝利の栄冠」

こうした関連において、クラブ記念誌の中のナチス時代に関するかなり不十分といえる叙述を考察することは示唆に富む。つまり、一九六〇年に出版された設立百周年記念誌の中で、かつてのクラブ会長であり、かなりの悪党の部類のナチであったエミール・ケッテラー博士に対する戦後の連合国の扱いに関して不平が述べられているのだ。ケッテラーは、このクラブのために極めて大きな功績を残した人物であり、彼の服役は完全に不当であるというのだ。

次の一二五周年の記念誌では、そのような解説は控えられ、このテーマへの言及はほぼ完全に断念されている。そこでは、和らげられた慎み深さをもって、次のように述べられている。「第三帝国では、もはや青少年にクラブのための時間はそれほど多く残されていなかった。彼らはヒトラー・ユーゲント（ＨＪ）とドイツ女子同盟（ＢＤＭ）において厳しく訓練され、クラブのために彼らが使える時間はほとんどなかった。それにもかかわらず、当面はゼヒツィッヒの選手たちのスポーツ的成功は続いた。つまり、一九三六年のオリンピックのメダル、ドイツ選手権、勝利の栄冠である」。

さらに、戦争の残虐性を示す特に重要な事例について述べた文が続く。「七月十四日に、アウエン通りのクラブハウスは爆撃によって廃墟となった。クラブの支柱が完全に破壊された」。一貫して、戦争の後の再建の時代が、「TSV1860ミュンヒェンの今日までの一二五年間の歴史の中で確実に最も困難な時代」として記されている。選手と役員の主観的な見解からは、この評価は理論的に矛盾がないように思える。なぜなら、クラブはナチスとなるほど実にうまく連携していたし、第三帝国において不利益を被る必要がなかったからである。

一九三三年以後のTSV：政治的な上昇、スポーツ的な下降

一九三三年にはもう、長年会長を務めたハインリヒ・ツィシュが、ヴィルヘルム・ハカーと交代させられた。ハカーは、ドイツ体操家連盟と近い立場にあり、ナチ党員ではなかったが「ドイツのスポーツの再編成」を公然と支持していた。そして、一九三四年以降は、ただ突撃隊員のみがこのポストに就いた。まず突撃隊少佐であるエーベンベックとホルツァー博士が就任したが、それにもかかわらず両者はすぐに配置換えさせられた。一九三六年に医師であるエミール・ケッテラー博士が権力の座に就き、もはやその座を終戦まで明け渡すことはなかった。彼はただ単に（一九〇八年以来の）古参のクラブ会員だったというだけでなく、（一九二三年以来の）ナチ党員でもあった。そしてさらに、「役職の集中」という現象についての明白な事例でもあった。一九三一年以降、ケッテラーは突撃隊

員となり、そこで衛生班の責任者となった。さらに彼は、ミュンヒェン＝オーバーバイエルン・ナチ医師連合の共同設立者であり、ドイツスポーツ医師連合のリーダーであり、また一九三三年四月以降は統制を受けた市参事会のメンバーであった。一九四一年二月に、彼は市長のフィーラーに、クラブの中で「指導者原理がますます強力に打ち出されてきていること」、そして「非常に早くからアドルフ・ヒトラーを支持する会員の割合が大変高かったこと」を知らせており、「血の勲章所持者の多さを見てみよ」とも述べている。

1942年のTSV1860ミュンヒェンのカップ優勝者：（左から）シラー、クリュッケベルク、G.プレドル、ロッキンガー、カニツ、L.ヤンダ、ヴィリモブスキー、シュマイザー、バイアーラー、クライス、シュミットフーバー。

実際、クラブにおける多数のその他のポストもまた、ナチ党員によって握られていた。例えば一九四一年には、突撃隊中尉セバスチャン・グライクスナーが、サッカー部の責任者となったが、彼は同じく複数の役割をもつ役員であった（例えば市参事会のメンバー、市の労働者の全体経営協議委員会の指導者）。しかし、彼は、連合軍の進駐後、重要性を失った。強制労働収容所のただの被収容者として五年間を過ごしている。非ナチ化の訴訟手続きで重罪人としての有罪判決を受けたことに付随して、一九年間の公職禁止および一〇〇〇マルクを除く財産の剝奪を申し渡された。

クラブが新たな権力者たちに魂を売り渡したことの理由は明白である。つまり、このクラブの支持者は、ナチスの支持者とかなりぴったりと重なり合っていたのである。一九三三年の夏にクラブ会員の四〇％が失業していたという事実も、ナチスへの強い親近感を解釈するための手がかりとなる。

しかし、クラブと政治的指導部との関係は、完全にギブアンドテイクによって特色づけられていた。つまり、クラブはナチスと突撃隊のイメージ作りのために進んで協力する代わりに、実際に存続の危機にあった救いようのない財政状況からの救出を望んだのである。銀行と市の収入役が、一九三七年一月、このクラブに対して、劣悪な支払い能力しかないという理由で貸付金を拒否したとき、市の保証を得ることが試みられている。しかし、これは、法的に実施不可能と証明された。そこで、すでにヒトラーの個人的な副官に出世していた、上述のヴィルヘルム・ブリュックナーが介入してきたのである。ブリュックナーは喜んで力を貸し、バイエルン州内務大臣であり、大管区指導者でもあるアドルフ・ヴァーグナーにクラブを助けてくれるよう依頼の手紙を出した。すべての関係者が、合法であるところの境の部分で（またそれどころか、ひょっとすると境を超えたところで）上手く事が運ぶよう手を貸したにもかかわらず、保証を得ることはできなかった。そこで、市参事会は、国家の監督機関の目をすり抜けて、グリューンヴァルター通りのスタジアム施設を三五万六五六〇ライヒスマルクで購入することを決定した。

「上からの」すべての援助にもかかわらず、ライオンたちは、一九二〇年代終わりと一九三〇年代初めのそのプレーに関する素晴らしい動きを再び見せることはできなかった。ということは、TSV1860の事例は、政治的宣伝担当者たちがスポーツの成功を目的に掲げようとするときに陥るディレンマを示している。成功が多様な要因に依存している競争スポーツの不測性――特にサッカーというチームスポーツの不測性――は、いかなる計画の立案をも非常に困難にする――まさしくボールは依然として丸いままなのである。

FCバイエルン・ミュンヒェン――「ユダヤ人と紳士のクラブ」

FCバイエルン・ミュンヒェンの起源は、コスモポリタンな市区であるシュヴァービンクにおいて、商人、学生、芸術家が、芝生の上で行う新たなスポーツ種目のためのクラブを設立した一八九六年にまでさかのぼる。暫定的クラブのラテン語名は、設立者たちの姿勢を反映している。すなわち「テラ・ピラ」、翻訳すると「地球」であるが、それは早くもすでに、野心あるクラブのグローバルな要求を表現している。

例えば一九〇三年から一九〇五年までクラブの会長を務めたオランダのスター、ヘッセリンクのように、外国人がすでに早くから組み入れられていた。当時、特に体操運動において支配的であった過度のドイツ主義とはいずれにせよ無関係であり、エリート的な要求はむしろ教養や社会的地位に結びついていた。設立当初、新しく仲間となる選手には、中等学校修了資格が必要とされた。そうして、クラブはまもなく「紳士のクラブ」という評判を得ることになった。選手であるベンダーは例えば、グラウンドには必ず長いネクタイを締めてやって来た。後のFCバイエルンとなるこの最初のチームでプレーしていたのは、公証人、薬剤師、映画監督、オペラ歌手、書籍出版業者であり、その中には後の国立博物館館長となったブーフハイト博士もいた。

テラ・ピラは当初、英国発祥の芝生で行うすべてのスポーツ、特に野球とファウストバル【こぶしを用いるドイツ流バレーボール】のためのクラブであった。一八九八年、新たに「第一ミュンヒェン・サッカークラブ1896」が設立された。すなわち第一番目のサッカークラブであったということと、それによって伝統の番人であるということが要求されたのであった。にもかかわらず、大きなMTV1879に協力を仰いでいた。おそらくトレーニングの可能性がそこでのほうがよかったからであろう。一九〇〇年に、一〇人のサッカー選手が対立によって再び退会し、FCバイエルンを設立した。いたるところで見られたように、サッカー選手は、サッカーをせいぜい体操のための埋め合わせ的なスポーツとしてしか見ていなかった体操家と対立していた。しかしだからといって、FCバイエルンが、その後もまだ何回か、他の体操クラブやスポーツクラブの中にサッカー部としてその居場所を探すことをやめたわけではなかった。

実際の活動もかなり長い期間シュヴァービンクに集中して行われてきたという、クラブの社会的そして地理的な由来が、FCバイエルンにおいてもまた後のヒトラー政体への態度、さらにはチームのプレースタイルを特徴づけたのだった。今日まで依然として、ボールテクニックのスキルというものが、チーム内で、そしてファンに特に重視されている。一九六〇年代の半ば以降、このことが比類なき成功に導いたのではあるが、しかしそれは、一九三〇年代、そして終戦後の時代には、戦績の極度の不安定性と、スポーツ的意義の喪失にまでいたるほとんど失墜ともいえる状況へと導いたのであった。

クルト・ランダウアーがFCバイエルンを大きくする

一九一九年以降、このクラブはクルト・ランダウアーによって率いられた。そして、彼の時代において、一九二二年以後は、急激な上昇を遂げた。それには英国人監督のウィリアム・タウンリーやジム・マクファーソンもまた決定的な貢献を果たした。青少年のサッカーへの熱狂によって、若い才能がクラブに加わってきた。そして、後の代表選手であるルートヴィヒ・ホフマン（愛称：ヴィッゲール）やエルンスト・ナーゲルシュミッツ、またミュンヒェンのスターフォワードであるヨーゼフ・ペッティンガーもそこに腰を落ち着けた。一九二八年には、ドイツ選手権の準決勝にまで進出したが、しかしHSVに二対八で敗れた。バイエルンには、「気まぐれなプリマドンナ」という評判がついてまわった。そうした評判は、一九三二年にようやくドイツ選手権で初優勝したことで、ある程度は捨て去られた。

クラブのプレー文化はむしろ、素晴らしいボールテクニック、そして結局のところオーストリア人監督のリチャード・ドンビ（愛称：リトル）にも由来する「ウィーン派」の流れるようなコンビネーションプレーによって特徴づけられた。彼は、マンハイムから才能あふれるフォワードのオスカー・ロア（愛称：オッシー）を、デュッセルドルフ99からハイドカンプ（愛称：コニー）を、そしてハーリンガー（愛称：ジギー）とルートヴィヒ・ゴルトブルンナー（愛称：ルッテ）を自分たちの青少年部門からチームに引き入れた。全員が後に、当事もうそう呼んでいたように「インターナショナル」になった。しかしまた、このチームはもう一つの発展の頂点にもあった。すなわち、「専門職化」の進行へ向けての発展である。アマチュアイデオロギーの時代において、そもそも「専門職化」という言

1932年のドイツ選手権決勝でのFCバイエルン：後に決勝ゴールを決めることになるバイエルンのフォワードのクルム、そしてアイントラハト・フランクフルトのゴールキーパーのシュミット。

葉が用いられる範囲で、ではあったが。加えて、このＦＣバイエルンはよく、労せずに、そして幸運によって試合に勝つという評判を得ていた。しかし、このことはおそらくむしろその試合巧者ぶりをはっきりと示している、このクラブに今日なお一般的に認められている特性である。

　一九三二年に、チームはドイツ選手権のチャンピオン決定ラウンドに進出し、そしてニュルンベルクでのアイントラハト・フランクフルトとの決勝戦にまで勝ち進んだ。ＦＣバイエルンのイレブンは、あらゆるエリアで圧力にさらされたにもかかわらず、彼らは、フランクフルトの選手の激しさを払いのけ、二対〇で試合を終えた。こうした成果は、ミュンヒェンのサッカーが短期間でドイツのトップに登りつめる幕開けとなった。ただし、ＦＣバイエルンはそこに長くとどまることができなかった。そのことは、少なくとも一部は一九三三年一月三十日の政権掌握によって引き起こされた。

　一九三三年三月十二日に、ＴＳＶ１８６０とＦＣバイエルンは、年間四つあるローカルダービーの一つを戦った――TSV1860の勝利を一万八〇〇〇人の観客が目にした。その約十倍にもあたるたくさんの人びとは、まったくスポーツと関係のない別の出来事をその目で見ようとした。オーバーヴィーゼンフェルトに、アドルフ・ヒトラーが到着したのだ。彼は、政権掌握にともなう挨拶のために「運動の首都」を訪れたのであった。こうした雰囲気の中で、長年会長を務めた（一九一三～一九一四年、一九一九～一九二一年、一九二二年以降）、ユダヤ人家系のクルト・ランダウアーは、新しい権力者たちからますます大きな非難を浴びるようになり、結局辞任しなくてはならなくなった。クラブでは、どちらかといえば少数派だったナチ派とのひどい権力争いが存在したが、しかし、そのナチ派をまだ比較的長い期間抑えつけることはできていた。ランダウアーは、一九三八年の十一月の迫害の後、四週間ダッハウの強制収容所に拘束され、その後一九三九年にジュネーブへと逃げた。FCバイエルンの「トップチーム」は、一九四〇年にスイスにおける招待試合の機会を得た。ランダウアーの甥であるウリ・ジーゲルが述べるように、選手たちは、その機会を利用して亡命中のかつての会長を訪問した。こうした行動は、ナチスの権力者の知るところとなったので、選手たちは思いとどまるよう真剣に説得されたのであった。

ナチスは、ランダウアーの四人の姉妹を絶滅収容所で殺害した。姉妹のたった一人がホロコーストを生き延びた。戦後、クルト・ランダウアーはミュンヒェンに戻り、そしてFCバイエルンをもう一度、一九四七年から一九五二年まで率いた。

その他のユダヤ人会員は、クラブでのその活動をまだある程度の期間は行うことができた。その後、一九三五年に、スポーツクラブの全会員は「アーリア人証明書」の提示を義務づけられた。一九三五年九月十五日までに、すべてのスポーツクラブは、帝国スポーツ指導者の命令で、政治的立場ならびに「アーリア人種」に属していることに関する情報を含まなくてはならない、全役職会員が載ったリストを国家当局に提出しなくてはならなかった。それに伴って、ＦＣバイエルンもまた「アーリア化」された。特に一九三五年にはすでに、――ＦＣバイエルンの主要な支持者だった――全自営業者の二〇パーセントがナチ党員であったということを考慮するならば、それほど時が経たないうちに、会員構成はすでにナチスに有利なように変化したのであった。

不興を買うＦＣバイエルンの選手たち

一九三三年、クラブはゴールゲッターであるオッシィ・ロアを失った。彼はその秋にプロフェッショナルとして先ずグラスホッパー・チューリッヒに、そしてその後フランスに行った。ミュンヒェンの雑誌『サッカー』は、その傑出したフォワードの、ロアに対して、「外国に剣闘士としてわが身を売った」という教訓めいた非難を浴びせつつ、別れを告げたのだった。「何十年後かにもまたＦＣバイエルンの他の選手が、右派の浮世離れした、保守的な反資本主義に直面することになった。その選手とはパウル・ブライトナーである」（シュルツ＝マルメリング、六〇頁）。

スポーツ的には、クラブはゆっくりと下降していった。その上、世界恐慌によって、観客数が減少しつづけ、一九三四年には、平均で一万人以下となった。まず、ランダウアーと親しいある一人の協力者が、臨時に会長職を引き継いだ。もっとも、十月の定期総会までのわずかな期間ではあったが。新しい会長であるカールハインツ・エッティンガー博士は、たしかにナチではなかったが、しかし彼はスキー部に集まっていた若者たちや不満分子の代表とみなされていた。この部もまた、時とともに、ますますナチスのシンパのための本拠になっていったし、ますますクラブの鍵となるポストを占めるようにもなっていった。彼らの仲間のうちから、ナチズム的な改造教育の実施に責任を有し、いわゆる「民族検査」を実施する、「全国体育連盟監督者」が選ばれていた。不条理なことに、彼は同時に「娯楽担当係」でもあった。クラブ新聞の責任者はスキー部出身であった。「こうしたクラブニュースがますますスキー部の（著者注：そしてまた、ナチスに好意を抱いていた勢力の）機関誌になっていったということは、まったく驚くことではない」とバイエルンの記念誌は記している。

一九三五年の後は、会長職がまだ何度か交代した。あるナチ党員が会長に任命されることもあったが、しかし一九四二年までは、クラブはナチの経歴がまったくない小学校上級教師であるヌスハルトによって率いられた。その後ようやく、ナチ派は、その候補者である銀行家のザウターを当選させることができた。そのときこのクラブは、統制された報道機関において高い評価を受けた。そして、試合のときには、突撃隊の楽隊が陸上トラックのところを行進し、演奏した。ヘルベルト・モルが認めているように、少なくとも「トップチーム」の選手たちがイデオロギー的に教育されたのは確かである。「われわれもまた国家政策に関わる検査を受けなくてはならなかった。そのために、われわれは教育され、そしてその後、選手証に結果が記載されたのであった。われわれは全員引き続きプレーすることが許された。市選抜チームも当然そのように仕向けられており、われわれは『ナチ式敬礼』によって入場しなくてはならなかったし、またそれを練習する必要もあった」（市立公文書館　一九九七年、九頁）。

しかし、過去にクラブが政治的に距離を置いていたという理由から、新たな友好関係はかなり狭い範囲のものであった。冒頭で言及した、一九四四年の南バイエルン州選手権でのチームの優勝に対する、「気前のいい」本の寄贈による「称賛の印」が、そのことの例として挙げられる。ミュンヒェンへの空襲がより頻繁になってきたときに、クラブの会長のザウターは、ナチズムの英雄概念をいくらか間違って理解していたことが明らかになった。つまり、彼はシュヴァーベン地方の安全な離れた場所からクラブに同情することを選び、ミュンヒェンで彼の姿を見ることはますます少なくなっていった。

一九三三年の後、FCバイエルンは、継続的なスポーツ的衰退を体験することになった。それは確実に、会長と監督に関連するいざこざにより引き起こされた面もあった。一九三八／一九三九年シーズン後に、クラブはぎりぎりのところで降格を免れた。戦争の開始によって、その次のシーズンに限って、降格を免れたのである。戦争の間も、選手権の試合は継続されたが、しかし、それはもはやほとんどスポーツ的に真剣に受け取ることができるようなものではなかった。クラブ間の移籍は確かに、戦争開始以後禁止されたが、しかし、兵士たちは駐屯地での出場が可能であった。そのうえ、旅行制限というものがあって、それによって一九四二年には、半径五〇キロメートルを超える移動ができなくなり、南バイエルン地区リーグが大管区リーグ内に設立される（ヤーン・レーゲンスブルクとの対戦は、例外的な許可を取ってのみ実施することができた）という事態を引き起こした。

一九四三年十月、食料の配給量が少なくなり、そして爆撃の回数が増加してきたとき、FCバイエルンは大管区選手権でダンテスタジアムにおいてヴァッカーと対戦し勝利した。グリューンヴァルトスタジアムでの試合は、そのちょっと前の壊滅的な爆撃の際の標的となっていただけに、すでにこの時期はあまりにも危険であった。一九四四年の秋以降、実際的には、ただ単に市選手権しか開催されなくなった。しかし、この選手権は「千年王国」の死の瞬間、すなわち一九四五年三月四日まで行われた。四月二十二日、アメリカの軍隊がすでにミュンヒェンの門の前まで迫ってきたとき、ローカルライバルであるＦＣバイエルンとＴＳＶ１８６０ミュンヒェンはまだ親善試合を行っていた。ＦＣバイエルンの「赤い選手たち」（政治的な意味ではない）が三対二で勝った。

ＦＣバイエルンは、ＴＳＶ１８６０と反対の輪郭を持った社会的環境から生まれた。そうであるから、両方の対抗関係もまたいくらか理解しやすくなる。ユダヤ人会員が、権力者の圧力によってすぐに締め出されたにもかかわらず、残されたクラブ所属者の大部分が理想的なナチス像には合致していなかった。つまり、国粋的《ナショナル》そして民族的というよりもむしろ非政治的であり世界に開かれた、リベラルな志向を有しており、また小市民的というよりもむしろ大市民的・教養市民的に特徴づけられていたのである。すでにクラブには常に多数のユダヤ人会員が所属していたという事実が、このような傾向を強く裏づけている。例えばティーツデパートという企業チームが存在していた。このチームはＦＣバイエルンと合併したのだが、主にユダヤ人によって占められていた。しかしまた、そのメンバーシップは、ほとんどが大市民の出であるユダヤ人によって特徴づけられているという部分もあった。つまり、ＦＣバイエルンは一九三三年以前からミュンヒェンの上流社会の中でも公然と支持されていたサッカークラブだったのである。

このクラブの社会的な特色は確実に、市民的で富裕な市区であり、しかしまた同時に第一次世界大戦の前後の時期の文化生活に決定的に影響を及ぼしたボヘミアンたちの居住地でもあったシュヴァービンクをその起源とすることに関係している。したがって、一九一六年に生まれ、長年にわたりリーグおよび選抜チームの選手であったヘルベルト・モルは次のように述べている。「やはり、当時FCバイエルンとTSV１８６０は地域と結びついていたということがいえる。すなわち、FCバイエルンはシュヴァービンクだったのだ」（市立公文書館、九頁）。

FCバイエルンにおいても、このクラブがどのようにその歴史を見直していくのかを考えることは重要である。たしかにFCバイエルンは、特に他のスポーツクラブと比較して、ナチスの時代に関して最終的にはやましいところはなかった。であるから、クラブの公式記念誌がこの時代の出来事についてほとんど何も収録していないということは、ますますもって驚くべきことである。

▼インタビュー「そうしたことはすべてどうでもよかった」

ヘルベルト・モル（FCバイエルン）とのインタビュー

一九一六年生まれのヘルベルト・モルは、一九三〇年代のFCバイエルンの選手であった。モルはハーフバック陣の一人であり、ドイツ代表チームの合宿に何回か召集されたが、しかし一度も国際試合に出場することはなかった。一九五〇年代、彼はかつてのチームメートであるヤクル・シュトライトレとともに、FCバイエルンを指導した。

モルさん、あなたはいつFCバイエルンのトップチームに加わったのでしょうか？

うーん、いつトップチームに加わったか……、一九三六年だ。

あなたは、FCバイエルンのユダヤ人会長であるクルト・ランダウアーとすでに面識があったのでしょうか？

そうだ。もちろん、私はすでに彼とは面識があった。最初からだ。そしてその後、あのヘルマンが会長になった。彼はランダウアーの次の二番目の人だ。たしかにランダウアーは、一九三三年以降、もはや会長でいられなかったが、祝賀パーティーにはまだ出席していたし、サッカー場にも来ていた。彼は背後から影響を与えていた。そうだな、あのランダウアー。たしか彼の家族は全員死んだはずだ。彼の兄弟は銃殺刑にされたとか何とか。

ランダウアーの姉妹もミュンヒェンに住んでいましたか？

そうだ。彼女たちは全員ミュンヒェンに住んで

FCバイエルンのユニフォームを着たヘルベルト・モル。

いた。そして、クルト・ランダウアーは、ここシュヴァービンクで暮らしていた。私もそうなのだが。彼が解任されてしまってからも、私たちはしょっちゅうそこで出会っていた。そのとき彼はまさに、選手たちがまだ自分を知っている、ということを大切に思っていた。

それはどういう意味ですか？

そうだな、彼はその点ではひどい目にあわされたのだ。それに、彼の家族はたしか、カウフィンガー通りに店を持っていたのだが、それも彼は手放さなくてはならなかったのだ。

何のお店だったのでしょうか？

衣料品店だ。

大きなお店でしたか？

そうだ、大きな店だった。

しかし、どういう意味なのでしょう？　あなたは「彼はその点ではひどい目にあわされた」とおっしゃいましたが。

一九三七年当時、彼はまだそこにいた。しかし、彼はもはや公職には就いていなかった。その後、黄色の星をつけた彼を見かけると皆、こんにちはと声をかけた。そしてそれは、まだ多くの者が彼と知り合いだという点で、やはり彼を何となく安心させたのだ。

しかし、しだいに、多くの者がもはや彼を知らないというようになった？

そうだ。多くの者は彼につらくあたった。

ランダウアーの姉妹の中の一人は、ランダウアー以外に家族で唯一第三帝国を生き延びたわけですが、彼女の息子がここミュンヒェンに住んでいます。彼は、ランダウアーがダッハウの強制収容所に行かなくてはならなかったと述べています。あなたはそのことについて何か知っていますか？

ああ、知っている。一九三七年、彼はダッハウに行かなくてはならなかった。

ほんの数カ月間だけだったのでしょうか？　あるいは、もっと長くそこにいたのでしょうか？

それについては知らない。

選手だったあなたは、それをどうして知ったのですか？　そのことは広く知られていたのでしょうか？

そうだ。よく知られていた。何というか、クラブ祭やなんかのとき、彼はたしかにそこにいたんだけど、突然にいなくなってしまったんだ。

ということは、彼は、一九三四年から一九三六年まで、つまり彼がもはや役職に就かなくなったときにもまだ、クラブ祭にやって来ていたと？

そうだ。

そして、一九四五年以後、彼は再びバイエルンの会長になった。

そうだ。一九四五年以後、彼はスイスから帰ってきたのだが、そのとき当然大騒ぎになった。そうして彼は再び会長になったのだ。

ＦＣバイエルンにはまだ、ユダヤ人が他にもいました。特に青少年部門に。例えば青少年指導者のオットー・ベアです。彼は、一九三五年に引退しなくてはならなかったといわれています。どうしてそんなことになったのでしょうか？

そうしたことはすべて何の意味もなかった。

それはどういう意味ですか？　あなたはベアとはあまり関係がなかったのですか？

そうだ。まったく関係がなかった。各チームにはそれぞれの指導者がいたが、そこには政治の問題が入ってくることはなかった。チームを指導するユダヤ人もいた。

そして、彼らは全員やめなくてはならなかった？

そういうことだ。

彼らは突然そこに来なくなったのでしょうか？　また、そのことをどう考えたらよいのでしょうか？　彼らはたしかまだミュンヒェンにいたのですね。彼らをまだ見かけることができたのでしょうか？

ああ、もちろんだ。彼らのチームが試合をしたときには、たしかに彼らは依然としてサッカー場に来ていた。しかし、ともかく彼らはもう口を出すことなどできなかった。

しかし、それはどういう状況だったのでしょうか？　クラブ会長が、「君たちは今すぐに立ち去らなくてはならない！」と言ったのでしょうか、それともナチ党の地区グループの誰かが、「君たちは立ち去らなくてはならない！」と言ったのでしょうか。

私は、それは上から下へと事が進んでいったのだと思う。ユダヤ人に関係するものはすべて排除せよ、つまりそういうことだな。

ナチスがそれを命じたのだと？

そうだ。そういうことは、私たちにとってまったく何の意味もなかった。

クラブのユダヤ人の仲間は？　彼らは、あなたたちに何か言わなかったのでしょうか？

そうだ、何にも言わなかった。われわれとユダヤ人との間には政治的なものは何もなかった。そういうものだったんだよ。

その後、誰がその仕事を引き受けたのでしょうか？　クラブ出身の人？

そうだ。あのヘルマンが青少年指導者になった。

彼は、非常に多くの職務を引き受けなくてはならなかったわけですね。ヘルマンはランダウアーの後継者になる前は、第二会長だった……。

……そして、ランダウアーとはとても親密な関係にあった。そうした理由から、ヘルマンはそこで目立つような動きはまったくしなかった。ランダウアーがそこでは依然として背後で影響力をもっていたのだ。

つまり、ヘルマンは、いわば公的には第一会長になったけれども、ランダウアーがその背後にいたのだと。

ああ、そうだった。

そして、このエッティンガー博士、カール・ハインツ・エッティンガー、彼もまた会長でした。

そう。だいたい一年間。

エッティンガーはどのように評価されていましたか?

知らない。われわれは会長職の人たちのことなど大して気にも留めていなかった。だから、それはとりたてて言うようなことではなかった。

エッティンガーはFCバイエルンのスキー部の出身でした。そして、スキー部はナチスによって支配されていたという話ですが。

そうだ。彼らは全体として見たところ、右派のような傾向にあった。

すでにヒトラーの前から? すでに一九二〇年代から?

そうだ。彼らはもう常にクラブの中の反対派だった。

しかし、それは奇妙です。FCバイエルンは、むしろリベラルなクラブであるという評判でしたよね。右派の傾向にある人が、そもそもなぜこのクラブにやって来たのでしょうか? ゼヒツィッヒ

【TSV1860ミュンヒェンのこと】でも、やはりスキーはできたはずですが。

そのことについて私はそんなに正確には知らない。しかし、スキーヤーたちについては、全体的に見ると常に指導部に対立的だったようだ。なぜかって？　バイエルンでは、常にサッカーだけが重要だったからだ。そこで、彼らはいつも騒ぎを持ち込んでいたのだ。

戦争の最後の週に、バイエルンと1860との試合がありました。あなたはその場にいましたか？

ああ、そこにいた。

その場の雰囲気はどうでしたか？　そこには多くの観客がいましたか？

そのときわれわれは、たしかゼベナープラッツで試合をして、三対二か何かで勝った。多くの観客がゼベナー通りのそこには入れなかったな。それは正式なサッカー場ではなくて、われわれのトレーニング場だったんだよ。そこにはあまり多くの人が入れなかった。だがもう私は正確に思い出すことができない。

ところで、クラブが、スキー部の会長によって率いられたとき、あなたはそこで、政治がクラブに入り込んでくること、つまりナチスに歩み寄っていることに気がつきましたか?

いいや。ナチス? まあ、それは一部の不満分子だった。そう、彼らにたくさんの右派がいたわけではない。

バイエルンにも、クラブでのナチズム教育に責任を有する、いわゆる全国体育連盟監督者が存在しました。フェルディナント・マイヤーという名でした。あなたはまだ彼のことを覚えていますか?

まあ、私たちにとって、こうした推移のすべてはほとんど意味がなかった。私たちは、まあ何といえばいいのか、そのとき、このようなやり方にともに身を委ねていたというか、何かそんな感じだった。そのフェルディナント・マイヤーっていう人? 私は、どんな人だったかもうわからない。その人は大きな役割を果たしていなかった。

しかしながら、選手に対する政治的な教育はありました。

そうだ。それは毎週火曜日に、トレーニングの後、シェリンクサロン(著者注:シュヴァービンクのシェリンク通りにある伝統的な飲み屋)で行われた。

誰がそれを行ったのですか?

ナチ党員のヴァーグナーだ。

アドルフ・ヴァーグナー、あのバイエルン州内務大臣の?

違う。そのヴァーグナーではなく、また別の、「下っ端の」ナチ信奉者だ。

それで、彼はあなたたちに何を教えたのですか?

それはかなり表面的なことだった。例えば、いつ総統は生まれたのか、とか。私たちはそれを政治的信条を問う検査のために知らなくてはならなかったのだ。この検査に合格した者だけが選手証にスタンプを押してもらえ、それでプレーすることが許されたのだ。

つまり、この検査はその他のクラブでも実施されていたと。

ああ、そうだと思う。

そして、試合前には、あなたたちは常にナチ式の敬礼でもって対戦を始めなくてはならなかったのですか？

そうだ。ともかくも、私たちはそれをしなくてはならなかった。ともかくも、そのようにして私たちは、試合の際に入場しなくてはならなかったのだ。しかし、それには意味はなかった。

そこに、ときには突撃隊員たちはいたのでしょうか？　ひょっとすると市選手権試合に。

ああ、市選手権試合にいた。そのころそれはより公的なものだった。しかし、私は、サッカー選手がそうしたことにまったく向いていなかった、と言わなくてはならない。私は、１８６０のあのブルガーとも、あるいはわれわれが関わった誰であろうとも、他の人との間に何の問題もなかった。

そのブルガーとは何者ですか？

あのブルガー・ショルシュだ。選手。ときにはキャプテン。最初はフォワード、後にハーフバック。私たちは軍隊で知り合った。バイエルンにいた者は第二中隊へ行き、通信兵になった。そして１８６０にいた者は、第一中隊で長距離通信兵になった。それは最初から決まっていることだった。

そのように分けることに、何らかの意味はありましたか？　そこに違いはありましたか？

いいや。

では、このブルガーですが、あなたは彼とは何の問題もなかったとおっしゃいました。どのような関連で？

彼はナチ党員だったと思う。そのことを私たちはよくは知らない。だが、彼はそれを自慢することはなかった。

そのブルガーは、終戦後、困難な目にあうことになりましたか？

知らない。

1860には、ナチスと親密な関係にあった会長がいました。それは、レームの侍医でもあったエミール・ケッテラー博士です。ミュンヒェンでは、このケッテラーはどんな評判でしたか？

当時、私たちは何も知らなかった。レームの医師であったとか何とかということを。ともかくもいつもそうなのだが、そうしたことはすべてどうでもよかったのだ。われわれはサッカーをプレーしたのであって、その他のことはあまり重要ではなかったのだ。それが自分と関係のないことだったならば……。

では、1860との対抗関係は、純粋にスポーツ的な性格のものだったのですか？　当時、われわれバイエルンはリベラルなクラブであり、1860はむしろ右派なのだ、とあなた方は言っていたのではないのですか。

そんなことは全然なかった。何かがあったなんて、私には思い出すことができない。それはスポーツ的なことだった。

1860の選手はいつも、激しいが、しかしテクニックを重視せずにプレーしていると言われてきました。その反対に、バイエルンの選手はテクニシャンであると言われました。

違う。そんなことはどうでもよかった。テクニシャンがバイエルンに行き、ファイターが1860に行く、というようなことではなかった。それは単に地域に関係していただけだ。シュヴァービンクの少年が1860に行くなどというのは不可能だった。ギージンクの少年がバイエルンに行くというのも同じくらいあり得なかった。それは不可能だったのだ。シュヴァービンクはギージンクと対戦していたのだ。そして、ヴァッカーはゼントリンクにあった。それは交通のせいなのだ。私たちは十七番（著者注：路面電車）に乗って1860に行ったのだが、延々という感じで時間がかかった。すべてはこうしたことが問題だったのだ。

バイエルンは、一九四四年に、南バイエルン州選手権で優勝しましたが、しかしミュンヒェン市によって無視されました。1860も南バイエルン州選手権で優勝しましたが、大歓迎を受けています。

そうだ。ナチスは、1860の選手たちを気に入っていた。1860の選手たちは、市長のフィーラーの招待を受けている。

1860は財政的にも利益を得ましたね。市からお金を得ました。そのときバイエルンでは、ねたみは生じていなかったのでしょうか？

なかった。私たちはお金のことなどまったく気にかけていなかった。彼らはそう、たしかにすべてを得ていた。貸付金や何やかや。しかし、そんなことは私たちの仕事ではなかった。私たちはお金のことなど気にかけていなかったし、またクラブの資産のことも気にかけていなかった。せいぜい、われわれにかかる必要経費についてだけだ。

すでに死亡した、かつての代表チームのゴールキーパーであるハンス・ヤーコプは、国際試合一試合につき数マルクと、二等客席の鉄道乗車券をもらっていたと述べています。すべてがこうでした。バイエルンではどうでしたか？

バイエルンでも同じようなものだった。私は、自分たちが一試合につき何をもらっていたのかについては、もうまったく分からない。五マルクか、あるいは八マルクだったかと思う。

勝利につき、それとも試合につき？

試合につきだ。

そして、勝利の際にはそれに応じてまだ何か？

いいや。そのときはそんなに多くのものは得られなかった。それに、あまり私たちは勝てなかったし。私たちは、シェリンクサロンでの食券をもらっていた。トレーニングのための食券を一枚。それは、二マルクの食券だった。そこでは、なかなかの食事が出た。まさにそれが、私たちがもらえるものだった。クラブ（著者注：第一ＦＣニュルンベルク）と対戦したとき、私たちは一番たくさんもらったが、まあ一〇マルク以上、一二マルクか、あるいは一六マルクかだった。それは本当に嬉しかった。

そのおかげでいくらか手に入ったし、いくらかは食べることができた。今とは比較にならないけれども。

あなたの仲間であるヴィリー・ジメッツライターは、ナチ自動車運転手団体（ＮＳＫＫ）の会員であり、ＮＳＫＫ選抜チームのためにもプレーしています……。

……そして、特に彼の兄弟は親衛隊員だった。

しかし、その人はＦＣバイエルンにはいませんでした。

そうだ、いなかった。しかし、彼は本当によくＦＣバイエルンに来ていた。

ヴィリー・ジメッツライターは親衛隊員ではなかった？

そうだ、違う。

あなたもＮＳＫＫに入っていたのですか？

ああ。彼らは私たちのところに近づいてきた。それは、私たちの身に起こり得たことの中でも、実際に最も害のないものだった。そこには、多くのサッカー選手が加わっていた。

あなたのチームメートでは、どの人がナチ党に加入していたのでしょうか?

知らない。おそらく誰もいなかったと思う。

ナチスが、あなたを加入させようと圧力をかけてきたことはありますか?

ない。

では、政治がチームの中でテーマになることはなかったのでしょうか?

なかった。

しかし、あなたたちは、後に本物のナチスを会長として持つようになる。あのザウターです。

そうだ。あのザウター、彼はナチスだった。彼は私たちとは何の関係もなかったのだ。本当にまったく何も。

彼は試合にはやって来ましたか？

彼がやって来ても、私たちにはまったく関係なかった。

彼はチームとのコンタクトを求めていなかったのでしょうか？

いなかった。

しかし後に、あなたはやはり、ひどい形で政治と関わることになりました。あなたは戦争に行かなくてはならなくなりました。あなたはいつ召集されたのでしょうか？

そうだ。われわれは召集された。私はまず労働奉仕に、その後にわれわれは軍隊に行った。それについては自動的に事が進んでいった。そのことでわれわれにはまったく考える余地などなかったのだ。そして、いつだったか、私は……そう一九三八年の秋まで労働奉仕をしていた。それからその秋に、軍隊に行った。そして戦争になったのだ。それから私は終戦まで戦地にいた。

代表選手は、合宿のために故郷への旅行が許されました。ヘルベルガーは、あなたを召集しています。そして、一九四三年以降、総力戦宣言の後、全員が前線に行かなくてはならなくなりました。代表選手でない者たちはどうだったのでしょうか？　彼らはどのような特権を得ていたのでしょうか？

何もなかった。私たちは他の人たち全員と同じように扱われた。私は休暇をもらったときだけ、サッカーをプレーできた。私は、労働奉仕の後に、三週間の休暇をもらった。その後に、私たちは軍隊に行った。軍隊に入ってから、私はまずポーランドに進軍した。その後、ポーランドから……。私たちはその後一体どこに行ったのだろう？　そう、もちろんフランスだ。オランダ、ベルギー、フランス。その後、私はロシアに行った。その後は、通信兵として東部戦線で最後まで過ごした。しかし、私はいつも幸運だった。

第5章　迫害され、殺害される——スポーツ界のユダヤ人

「クラブチームにいるユダヤ人たちは、きわめてあくどい熱狂者でありかつ不当に利益を得ている連中である。商売とスポーツの区別をつけられる男たちが、いずれは彼らに取って代わらねばならない。選手たちをユダヤ人たちの娯楽のために「奉仕する」剣士《グラディエーター》にさせてはならない」（『フェルキシャー・ベオーバハター』一九三三年三月四日、五日）。

クルト・シルデが著書『ユダヤの星を胸にいだいて』のなかで書いたように、「ユダヤ人のスポーツ運動の出発点」となったのは、一八九八年十月二十二日ベルリンで設立されたユダヤ人体操協会「バル・コクバ」である。それは、一三二年から一三五年にわたってローマの占領に対するユダヤ人最後の大蜂起を指揮した軍司令官シモン・バル・コクバにちなんで命名されたものだ。この守護聖人の名が選ばれたのは、おそらく、身体の鍛錬がこのさき軍事教育の代わりにもなるという思いがあったのであろう。

この体操協会設立のきっかけとなったのが、一八九八年バーゼルで開かれた第二回シオニスト世界会議であった。「この会議ではじめて全世界を前に、文化的営為だけを奨励するという従来のやり方が非難され、これまでなおざりにされてきた肉体の教育が体育によってなされるよう強く求められた」（シルデ、一二頁、一九八八年）。作家であり医師でもあるマックス・ノルダウはこの会議の席で、「われわれは筋骨たくましいユダヤ民族を再び育成しなければならない」と説いた。

ベルリン体操協会「バル・コクバ」の設立メンバー四八人のほとんどが民族的・ユダヤ的大学生と商人であった。彼らの自己理解について設立メンバーの一人リチャード・ブルームは言った。「……民族的・ユダヤ的問題と取り組んだ結果われわれが得た確信は、体操にいだくわれわれの理想をドイツ体操協会のクラブチームのなかに見出すことはできないということだった。ドイツの体操クラブの多くはわれわれの受け入れを拒み、また拒まないまでもお情けで受け入れるだけだったので、われわれの民族意識は、ドイツの体操クラブを手本とした組織作りへと向かざるをえなかった」。

ドイツでは体操・スポーツ運動がまさに広まろうとした時代であった。けれどもユダヤ人のだれもが自己をあたらしいクラブのシオニズムの意図——たとえ穏健なものであれ——と同一視しようとしたわけではない。ミヒャエル・ラインシュは『フランクフルター・アルゲマイネ』紙に書いた。「一八九六年のアテネオリンピック体操競技優勝者アルフレッド・フラトウは、強制収容所でナチスに殺されることになるのだが、当時、バル・コクバの会員になるのを拒否した。彼にとってクラブの政治的要求はあきらかに行き過ぎだった」。『ターゲスシュピーゲル』紙の推測では、フラトウは「ユダヤ教徒のドイツ人であることを公言する者としてバル・コクバのあらゆる入会の誘いをことわった」のだろうということである。五年後、ドイツ、オーストリア、バルカン諸国のユダヤ人クラブが、一九〇三年バーゼルでの第六回シオニスト会議において、「ユダヤ人体操協会」という上部団体のなかに統合された。「バル・コクバ」ベルリンはもっとも影響力の大きなクラブであり、新しい上部団体の指導的役割をも担った。

さらに一九二一年カールスバートでのシオニスト会議で「マカビ世界連盟」が設立された。「それが政治的シオニズムへ向けて先行する役をはたすものであることをより明確に公言したところに、ユダヤ人体操協会との質的相違があった」とハヨー・ベルネットは著書『一九三三年から一九三八年までのナチスドイツのユダヤ人スポーツ』（ベルネット、一二三頁、一九七八年）で分析した。マカビという名前も、民族独立のために闘った一人のユダヤ人が模範であることを示している。イェフダ・マカビは紀元前一六五年セレウコス朝の支配に対し蜂起を準備した人物である。

連盟本部は最初ベルリンに置かれたが、その後ウィーンとブリンに移され、一九二九年再びベルリンに戻された。一九三二年テルアビブで第一回マカビア――ユダヤ人スポーツのオリンピック競技――が開催され、一八カ国から三九〇人の選手が参加した。一九三三年初めマカビ世界連盟はロンドンへ移された。

「ドイツのスポーツ界に居場所はない」

ドイツ帝国において一九三三年という年はユダヤ人スポーツ選手に運命の暗転をもたらした。トップクラスのユダヤ人選手たちは、芸術・文化の領域の人びととは対照的に、危険な状況に晒されずにすんではいたが、大衆スポーツにおける状況は違っていた。一九三三年までは（ドイツ全体で五〇万六〇〇〇人のユダヤ人のうち）四万人の選手が、一般的体操およびスポーツ協会に所属する二五〇クラブの会員であった。二年のうちに、この選手たち全員が退会を余儀なくされた。地方自治体当局とスポーツ協会が、手を組んでユダヤ人選手を追い出すといういかがわしい任務を引き受けた。実際にそれが行われたのは、一九三三年一月三十日にナチスが政権を掌握した直後であった。一九三三年四月一日、ユダヤ人市民を公共のスポーツ施設から締め出せという当局のキャンペーンが始まった。ナチ突撃隊のスポーツ指導者ブルーノ・マーリツにとってそれは遅すぎるほどの措置であった。「フランス人やベルギー人そしてポーランド人のやつらとユダヤ人ニグロ、彼らは皆ドイツ人のトラックで走り、ドイツ人のサッカー場で試合をし、ドイツ人のプールで泳いでいた。この外国の連中は全員われわれの費用で贅沢な時を過ごしていた。スポーツを促進する人びとは、無思慮にも、ドイツとドイツの敵との国際的結びつきをいっそう緊密にするために金を使っていたのだ」。

一九三三年六月二日、新しく設けられた教育大臣が青少年福祉協会とスポーツ協会からユダヤ人を締め出すことを発表した。ユダヤ人チームとアーリア人チームとの競技は禁止された。バート・カンシュタット出身のフリッツ・ローゼンフェルダーは一九三三年七月に自殺した。リチャード・マンデルの著書『ヒトラーのベルリンオリンピック一九三六年』によれば、自殺の理由は「スポーツクラブに二度と足を踏み入れることができなくなった」からだといわれている（マンデル、六二頁、一九八〇年）。『フォワード』のあきれた編集者ユリウス・シュトライヒァーは次のような「追悼文」を掲載した。「われわれはここであれこれ言う必要はない。ユダヤ人はユダヤ人であり、ドイツのスポーツ界に彼らのための居場所はない。ドイツはドイツ人の祖国であり、ユダヤ人の祖国ではない。ドイツ人には祖国で自分たちがしたいことをする権利がある」（マンデル、六〇頁）。

スポーツ協会は、ユダヤ人選手の締め出しという非情な処置をとることで、みずから新しい政治権力者たちのお先棒を担ごうとしていることを示した。「非アーリア系」公務員の解雇（一九三三年四月七日の職業官吏制度回復法）より前の四月四日に、ドイツボクシング協会はすでにユダヤ人が競技に参加することを禁止していた。この協会は、「ユダヤ人ボクサーおよび審判とはもういっしょにはやらない」と表明した（マンデル、五九頁）。ドイツプロボクシング協会は「ユダヤ人は全員（中略）会員名簿から抹消するよう」指示をだした。

おなじく四月に、ベルネットの言葉によれば「すぐに権力にすりよる」水泳協会がユダヤ人を締め出した。水泳協会会長ハンス・ガイゾウは、「これで私もナチ党員になった」と公言し胸を張った。その数カ月後、「ユダヤ人自身を保護するために」ユダヤ人に対しあらゆる水泳施設への立ち入りが禁止された。一九三三年十二月十二日、ドイツ人命救助協会からすべてのユダヤ人会員が除名された。「ドイツの海岸では――アーリア人による――アーリア人の救助だけしか許されない」からだ（マンデル、六〇頁）。陸上競技協会もただちにユダヤ人会員の排除に同調し、さらにボート、チェス、スキーの各競技協会がそれに続いた。スキー協会はバイエルンのスキー場ガルミッシュ・パルテンキルヘンに「ユダヤ人は立ち入り禁止」と書かれた標札を立てた（マンデル、六〇頁）。

一九三三年七月二十四日、ドイツテニス協会は「非アーリア人はトーナメントに参加することも、補欠チームに加わることも許されない」と表明した。テニス協会役員たちはその民族主義的ファナティズムをさらに一歩推し進め、「ドイツ人選手はドイツのボールを使用」しなければならないという指令をだした。イギリス製ボールの使用が許されるのは「もっか生産に入っているドイツ製品が需要に応じられるまでのあいだ」というものであった（マンデル、六三頁）。五日後、ピルマーゼンスのユダヤ人ボーイスカウトが禁止され、協会金庫は押収された。

しかしもっとも無慈悲な態度をとったのは、およそ二万人のユダヤ人体操男子・女子をかかえる体操家連盟であったとヴァルター・グレーデは著書『スポーツ、政治の試合における無名の大物』に書いた（グレーデ、二〇三頁、一九八〇年）。ユダヤ人を捨て去るさい、邪魔立てされないよう、「体操家たちは民主的な考え方をする協会会長ドミニクスに退任を強いた」（グレーデ、一三七、一三八頁）。彼の後任エドアルド・ノイエンドルフは「体操選手が『突撃隊や鉄兜団と同列』の扱いを受けることをヒトラーに約束させた」。グレーデの書くところによれば、保守的な体操選手たちは「ヒトラー独裁体制のもとで、あらゆる身体運動に対する彼らの独占権を奪回するチャンスだと思ったのだ。ドイツ帝国委員会の解散を要求し、自分たち自身をあらゆるスポーツ種目の新しい上部団体にするよう提案した」。ノイエンドルフは一九三三年の復活祭で「すべてのユダヤ人と『ユダヤ人の親戚』、ならびに共産主義者をスポーツ活動から締め出すことを求めた」（グレーデ、一三七、一三八頁）。実際五月にはユダヤ人体操選手は体操家連盟から退会しなければならなかった——この種目の担当役員が作成した「ユダヤ人排斥条項」に基づいて。排除するためには一人のユダヤ人祖母がいれば十分だった。そのさい、いわゆる「四分の一ユダヤ人」の追放はナチスの「ユダヤ人法規」にまったく適合していなかった。スポーツの歴史家ハヨー・ベルネットはそれについてこう述べている。「ドイツ体操家連盟指導部が非アーリア系の『体操男子・女子』に与えた仕打ちは、ナチ国家が明確な敵および虚構の敵に対して取った措置よりも残忍なものだった」(グレーデ、二〇三頁)。

(非ユダヤ人の)スポーツ選手が(ユダヤ人の)スポーツ選手の味方についたのはわずかな場合しかなかった。ベルリン・スケートクラブは二人のユダヤ人、バル兄弟を保護したと言われている。『キッカー』の編集者カール＝ハインツ・ハイマンによれば、クラブの会長がゲシュタポの一人と知り合いで、その男が見て見ぬふりをしてくれたのだという。「きっとこのゲシュタポの男もなにか利益を得ていたにちがいない。世の中は持ちつ持たれつ。それに『上にいる者は』すべてに気づくわけではない」とハイマンは述べている。

ボクシングのスター、マックス・シュメリングも彼のユダヤ人マネージャー、ヨーエ・ヤコブスのために尽力した。ドイツボクシング協会が一九三三年四月、全ユダヤ人を締め出したにもかかわらず、シュメリングはヤコブスを放さなかった。「彼はたとえヒトラーの前ですらヤコブスの側につくだろう」とグレーデは書いた。

そしてサッカーは?

従順さをまっさきに示すごとく、ドイツサッカー協会は一九三三年四月十九日に協会機関誌『キッカー』に公式の告示を載せた。「ドイツサッカー協会役員およびドイツスポーツ局役員は、ユダヤ人種の一員ならびに共産主義運動のメンバーであることが判明した人物が各地方協会やクラブチームの指導的地位にあるのはふさわしくないと考える。各地方協会とクラブチームに対し、いまだ適切な措置がなされていない場合、すみやかにふさわしい措置を取ることを求める」。

各スポーツ協会から追放されたユダヤ人選手にとって、このとき、いくつかの可能性があった。多数の競技者と役員は身体と生命の危険が差し迫っていたので、第三帝国から立ち去った。しかし何千人もの人たちはユダヤ人クラブチームへの道を探した。短期間のうちにユダヤ人クラブチームは四万人以上の会員をかかえるまでに膨れあがった。そのうえ新しいユダヤ人クラブチームが生まれ、一九三五年には一〇〇を超えるマカビクラブがあり、そのうち一〇のクラブはベルリンにあった。一九三三年の時点ではドイツ帝国全体で約三〇のクラブがあったにすぎない。『フェルキシャー・ベオーバハター』紙は、後に一九三八年十一月二十七日版でこうしたクラブの新設を笑いものにし、ユダヤ人の新しいスポーツクラブは「アウトサイダーのこっけいな役割の域をけっして出るものではない」と書いた。実際、ユダヤ人選手は「ヒトラーの帝国における最大のユダヤ人組織」を形成した（グレーデ、二〇〇三、二〇四頁）。

けれどもユダヤ人のスポーツ活動は当局の嫌がらせを受けた。ユダヤ人選手が体育館や競技場を使用してもよいかどうかを決めるのは地方自治体の役所であった。「許可されないのが普通だった」とクルト・シルデは述べている（シルデ、二〇〇四頁、一九八八年）。あらゆる設備を備えた本格的競技場はベルリン・グルーネヴァルトとライプツィヒ・バル・コクバ・プラッツにしかなかった。あいている工場の建物やダンスホールが買われるか、借りられるかして、体育館としての設備が施された。クラブは「屈辱的観察のもとに置かれどんな催しも早めに申し出を行い、メンバーリストを提出し、絶えず記入漏れのないようにしなければならなかった」（シルデ、二〇〇四頁）。普通はユダヤ人選手だけで競技を行うことができた。そのため純粋にユダヤ人のスポーツ活動が第三帝国に生まれた。干渉を受ける選手たちはマカビ競技の枠のなかで信仰を同じくする仲間と会おうと試みた。一九三三年の例が、国際大会に参加することが大変難しかったことをはっきり示している。マカビ競技大会はプラハで開催されることになっていた。けれども一九三三年八月、あるチームが外国へ行こうとしてゲシュタポに許可を申請した。ゲシュタポはユダヤ人選手たちに次のような回答を与えた。選手がプラハへ行くことに差し障りはない。しかしドイツへ戻れるかどうかはまだ吟味が必要だ……。

これは第三帝国におけるユダヤ人同胞に対する嫌がらせの始まりにすぎなかった。二年後の一九三五年九月十五日、ナチ党の帝国議会はいわゆるニュルンベルク諸法を可決した。一、ドイツ人の血とドイツ人の純潔を保護するための法、二、帝国市民法、である。一番目の法は、ユダヤ人と「ドイツ人の血が流れる」人間との結婚および正式の結婚によらない性的交わりに対して懲役刑を見込んでいた。いわゆる帝国市民法のほうはアーリア人だけが保持する帝国市民の法的身分を定めるための基盤をなした。それに対し、ユダヤ人は国籍だけを持つにすぎなかった。すべての政治的諸権利は帝国市民の概念と結びついていた。そのうえ、ニュルンベルク諸法に基づいて最下級のユダヤ人は公職から追放され、さらなる就職は禁止された。

一九三六年のオリンピックを前にした外交的配慮から、政府は当面のあいだ追加処置を取るのを控えていたのだろう。要するに、オリンピックの開催を危うくさせないために国際的イメージに配慮して、ユダヤ人に——ゲットー化されていたにもかかわらず——スポーツ活動を行うことを許可したにすぎないのである。すでに外国ではドイツの弾圧政治を憂慮する声が起きていた。アメリカ合衆国オリンピック委員会は、選手の人数をぎりぎりに絞ってドイツへの参加を認めた。またボイコット運動が起こったのはアメリカだけではなかった。

一九三六年ベルリンでオリンピック競技が行われたとき、ユダヤ人の新聞各紙が示した関心は薄かった。たとえばその数カ月前に『イスラエル民族家庭新聞』紙は、ドイツのユダヤ人の不参加（外国で暮らしていたルディ・バルとヘレーネ・マイヤーだけは参加が許された）に遺憾の意を表明し、かつてのユダヤ人オリンピック優勝者を紹介する記事を連載した。そしてオリンピックが始まると、その模様について一言も報じられることはなかった。『イスラエル民族家庭新聞』には毎日一ないし二ページのスポーツ面があったにもかかわらず。その代わりマカビ・地区選手権大会や、ミュンヒェン、ライプツィヒ、ハンブルク、ダンツィヒでのユダヤ人スポーツ大会、あるいはユダヤ人学校の体育祭についての記事が掲載された。

「抑圧者の国における自己主張」

ドイツのユダヤ人スポーツ運動は、一九三三年と一九三八年の間に、激しく争う二つのグループに分裂した。「ユダヤ人に移住の準備をさせるというはっきりとした目標をもつ」シオニズムのマカビ運動と、融和統合を意図するユダヤ人前線兵士団体、「シルト（盾）」クラブとに分裂した（ちなみに一九三七年秋、ボクシング競技でマカビチームが「シルト」チームを一五対一で下した）。

マカビは独自のスポーツメダルを授与した。それを獲得することは、ヘブライ語、ユダヤ人の歴史、シオニズムについての知識があることをも証明するものだった。約二万人のマカビ会員のうちおよそ一万一五〇〇人が一九三三年から一九三八年のあいだに移住したが、その半数近くはパレスチナへ移住した。スポーツの遠征試合は亡命に役立った。ナチ政権がユダヤ人チームの遠征を許した（著者注：帰路の保証はなかったと推測されるが……）一九三五年のマカビ大会のあと、チームの大多数はパレスチナにとどまった。

一九三八年十月二十四日、ベルリンで開かれたドイツ・マカビ協会の第一七回代表会議において「移住したマカビ・スポーツ選手の大多数は（中略）世界のいたるところでただちにマカビクラブあるいはユダヤ人スポーツクラブに再入会した」という報告がなされたことを『イスラエル民族家庭新聞』紙が一九三八年十一月三日版で報じた。またそれは「移住したわれらのスポーツ仲間からのたくさんの手紙」について伝えていた。その手紙には「スポーツ能力こそが、いかに彼らの新しい環境へのすばやい順応を容易にさせたか」が書かれていた。

逃亡ではなく、「抑圧者の国における自己主張」というのが、ユダヤ人前線兵士同盟「シルト」クラブのモットーであった（第一次世界大戦で一〇万人のユダヤ人がドイツのために戦い、一万二〇〇〇人のユダヤ人が戦死した、グレーデ、二〇三頁）。その機関紙『クラフト（力）』のなかで彼らは最初闘う姿勢を示していた。一九三三年十二月、そこに次の記事が載った。「ナチの変革は、ドイツのユダヤ人の運命に疑問を投げかけ、われわれ全員に激しい衝撃を与えた。かつてドイツのために生命をかけて闘ったユダヤ人前線兵士は、ユダヤ人の自己主張のために戦う突撃隊である。国民の同権は失われてしまった。われわれはこれからそれを奪回するのだ！　われわれ自身のために、われわれの名誉のために、ドイツ人として、ユダヤ人として！　君たち、ユダヤの青年よ、われわれの青年団で、かつての前線兵士たちとともに肩を並べて力を尽くそうではないか！　われわれがもっとも厳しい精神的肉体的規律で求めるのは、闘争能力をはぐくまれた、どんなことにも勇敢に立ち向かい、自信をもつ、忠実な青年、肉体とスポーツに秀でた青年である」（『クラフト』二頁、一九三二年十二月）。

第一次世界大戦で命をかけた多くのユダヤ人と同じように、「シルト」のスポーツ選手たちも、その祖国が彼らに残忍な戦いを挑んでこようとは思いもよらないことだった。ユダヤ人前線兵士とその「シルト」クラブはナチスとの不公平な試合に敗北した。

ナチスは一九三八年十一月、ついにその正体をあらわした。親衛隊、突撃隊、ヒトラー・ユーゲントまたその他のナチ組織が、十一月九日の夜から十日にかけてユダヤ人の店舗や住居を打ち壊し、シナゴーグを破壊し、人びとを殺害した。この第三帝国ユダヤ人迫害の夜に七五〇〇店舗が破壊され、一七一のシナゴーグが焼き払われ、九一人のユダヤ人が殺され、数え切れないほどの女性が暴行され、多くの人たちが強制収容所へ連れ去られた。

新たな指令はユダヤ人差別を強めていた。ユダヤ人の子供は学校へ通うことがもはや許されなかった。劇場、映画館、音楽会、展覧会への入場がすべてのユダヤ教徒に禁止された。一九三八年八月からサラ（女性）とイスラエルの名前を加えねばならなかったユダヤ人のパスポートには、「J」の一文字が書き込まれた。

ユダヤ人のスポーツ活動はこのときから徹底的に禁止された。「事務所、体育館、グラウンド、青少年の家など、多くの労力と愛情を注いで建設し整備したすべての施設が用具もろとも押収された」とロバート・アトラスは書いた（アトラス　一一八頁　一九三七年）。そしてクルト・シルデは述べた。

「一八九八年ベルリンのユダヤの若者たちによって始められたスポーツの歴史は、その四〇年後にふたたび破壊された」（シルデ、五七頁）。これまでユダヤ人スポーツクラブで活躍した多くの少年・少女たちは彼らの両親とともに収容所に抑留され、殺された。

ただ「一人のフラトウがテレジンの地獄から自分自身を救った」

有名なユダヤ人スポーツ選手でさえ――わずかな例外を除いて――信仰を同じくする同胞たちが受けた虐待を免れる特権をもっていたわけではない。彼らも同じくナチの抑圧のもとで苦しんでいた。多くの選手が絶滅政策の犠牲となった。犠牲者がどれほどいたのかという詳しい数は今日まで解明されていない。「ラバート・ガーンのスポーツ博物館にある時代の証人の証言に基づいて作成された追悼書に三〇〇人の名前が載っている」とウーテ・フリングスは『フランクフルター・ルントシャウ』紙に書いた。多くの選手が早めに亡命した。まっさきに国を離れたもっとも能力の高い選手の一人がアレックス・ナータンだった。彼は世界記録を打ちたてた四〇〇メートルリレー競技チーム四人の一人だった。彼はイギリスへ逃れた。ドイツ最高のテニス選手の一人、ダニエル・プレンも同じくイギリスに亡命した。上述したように、一九三三年七月、ドイツテニス協会は、非アーリア人のトーナメントへの参加は今後許可しないということを発表していた。追加条項には「選手プレン博士（ユダヤ人）は一九三三年のデヴィスカップチームのメンバーに選ばれることはあり得ない」と書かれていた（マンデル、六三頁）。プレンはイギリス市民になり、さらにテニスを続けた。おそらくイギリス製のボールを使って……。

体操選手グスタフ＝フェリックス・フラトウとアルフレッド・フラトウはドイツにとどまり、そのため命を失うはめになった。二人とも親衛隊によってテレージエンシュタットで殺害されたのだ。アルフレッドは一九四四年一一月に死んだ。イェンス・ヴァインライヒは「ハットトリック・サッカーマガジン」に書いた。「彼のいとこのグスタフ＝フェリックスは一九四五年一月二十九日に餓死した。二二キロにまでやせ衰えて。しかし一人のフラトウがテレジンの地獄から自分自身を救った。それはグスタフ＝フェリックスの息子、シュテファン・フラトウである。彼はそのあともロッテルダムで生きている……二〇〇〇年のオリンピックの候補地応募期間にシュテファン・フラトウはベルリンの常連客だった……彼は応募書類のために一つのテキストを作成してあった。そのなかで彼はオリンピックの聖火リレーをアテネからテレージエンシュタットを経由してベルリンへ向かわせるという提案をした。『その際、数分間私の父の墓の前で止まってもらいたい。それが私の条件だ』」。

レナーテ・フランツはアルバート・リヒターの思い出を大切にしている。彼女は一冊の本を書いた。『忘れられた世界チャンピオン――ケルンの自転車競技選手アルバート・リヒターの不可解な運命』というタイトルの本である。リヒターは一九三二年ローマで自転車アマチュア選手のいわゆる短距離走で世界チャンピオンになった。そしてナチスにとっては数年にわたって好ましからぬ人物となった。モデル製作者リヒターが働いていたケルン工芸彫像工場の経営者はユダヤ人だった。親方は社会民主主義者だった。リヒターのコーチはユダヤ人のスポーツマネージャー、エルンスト・ベルリーナーだった。リヒターは優勝の表彰式で、腕を挙げるヒトラー式挨拶をけっしてしなかった。そのうえ、彼はあるときナチスを「犯罪者のならず者」と呼んだ。

それにもかかわらずナチスは長いあいだリヒターを放っておいた。なぜだろうか。クラウス・ブドツィンスキーは『南ドイツ新聞』紙で述べている。「控えめで気骨があり、筋骨たくましい肉体をもち、金髪で青い目をして、定められたごとくアーリア人であることを示していた」。おそらくそれが理由だったのだろう。

しかし一九三九年、戦争が始まると状況は一段と厳しくなった。一人のゲシュタポがリヒターの両親にあることを依頼した。それは、息子が「外国遠征のとき、軍事施設のスケッチをし、敵の様子を探り、すべてをゲシュタポに報告する」気になるよう仕向けることだった(『南ドイツ新聞』一九九八年十二月十二日)。リヒターにとって出発するときだった。一九三九年十二月三十一日の朝、彼はバーゼル行きの汽車に乗った——一万二七〇〇帝国マルクを自転車のタイヤに隠して。それはユダヤ人紡績商でケルン・スポーツ施設有限会社の経営者、アルフレッド・シュヴァイツァーが、彼自身が国を出る前に、リヒターにゆだねた金だった。

だが、リヒターは国境通過地点で止められてしまった。彼をねたんだ自転車競技仲間が密告したのだろうと噂されている。彼はレラハ裁判所の刑務所に送られ、独房に入れられ、一九四〇年一月二日に死亡した。ナチスは当初、リヒターは首を吊ったと触れまわった。しかし死体を見た兄弟のヨーゼフは「頭にあった血まみれのハンカチ」のことを口にした。また墓堀人は、死人に絞殺の跡はなく、弾傷が首筋にあったと語った。ゲシュタポは戦術を変え、リヒターは「逃亡しようとして銃殺されたのだ」と報告した。国家によって正当化された殺人者集団が好んで用いる隠蔽表現である。そして『フェルキシャー・ベオーバハター』紙は「今日は紅顔、明日は白骨」という言葉を添えてリヒターを葬り去った。

ケルンの新しい自転車道路に長いあいだ忘れられていた人の名がつけられたが、それは、レナーテ・フランツと幾人かのケルン・自転車競技愛好家のおかげであると『南ドイツ新聞』紙は書いた。

フラトウやリヒターと同じような運命に見舞われたのが、バート・クロイツナハのレスリングのユリウス・バルッホにウエイトリフティングのヘルマン・バルッホの二人の選手、そして三〇年代に傑出したドイツの陸上競技選手に数えられたリリー・ヘノッホだった。一九二〇年、リリー・ヘノッホはベルリン・スポーツクラブ（BSC）に入会した。それは最も有名なベルリンの陸上競技クラブの一つである。彼女は陸上競技とハンドボールに取り組んだ。第一次世界大戦後のドイツの女子陸上競技は、まだ本格的になっていなかったが、急激な成長を遂げ、たちまち世界のトップレベルへ進出した。リリー・ヘノッホは卓越した選手の一人だった。専門とする砲丸投げで何度もドイツのチャンピオンになった。しかも、円盤投げ、走り幅跳び、走り高跳びでもトップクラスに何年間も入っていた。走る能力もまた注目に値するものだった。全体として彼女は七つの個人タイトルを獲得し、ドイツ・リレー競技で三回もの優勝者となった。そのうえ、ベルリン・スポーツクラブの一〇〇メートルリレーで世界記録を打ち立てた。

一九四二年九月五日、リリー・ヘノッホは、六六歳の母親とともに東方へ連れ去られ抑留された。すべては彼女がリガの近くで殺害されたことを物語っている。リガのゲットーで生きのびた一人の女性は述べた。「毎日、大量の衣料品がゲットーに運ばれてきました。寝具、靴、化粧用品でした。すべてが巨大な倉庫に荷おろしされ、選り分けられました。親衛隊は猟犬のように見張っていました。

金、銀、時計、宝飾品、お金のような高価な物はすべて別個に引き渡されました。何千人もの人間のうち誰一人、私たちのいるゲットーへ戻ってくることはありませんでした。私たちは彼女がどこにいるのか知っていました。林のなかです。例外なくみんなです。みんな撃ち殺され、共同墓穴に埋められたのです」。現地の自治体当局の決定にしたがって、東ベルリン、プランツラウアー・ベルクの通りの一つにリリー・ヘノッホの名前がつけられた。

「樽の形をして、首なしで、偏平足」

プレン、フラトウ、リリー・ヘノッホたちは皆、その卓越した戦績とともにドイツ・スポーツ史の一部であった。一九三八年にユダヤ人の完璧なスポーツ人生を破壊し、さらにその後も蛮行を強めたナチスにとって、ユダヤ人のスポーツ人生などどうでもよいことだった。彼らは嘲笑するだけだった。レフラー博士なる人物が、一九三八年十一月二十七日版の煽動新聞『フェルキシャー・ベオーバハター』で人間を軽蔑し、スポーツ活動に対するユダヤ人の無能さについて説くことを許された。「人生からの離反、禁欲と肉体の軽視」がユダヤ人の世界観の基本要素であり、その点で彼らは「アーリア人種の戦闘的で歓喜して肯定する態度とは際立った対照を示している」。そもそもユダヤ人には「調和のとれた運動の才能が欠けている。彼らには肉体的素質が少ないのだ。これは社会生活の特定の領域に現れている。セーケ、サカール、ジークフリート・アルノ、オットー・ヴァルビルク、フェリックス・ブレサー、クルト・ゲロン、チャーリー・チャップリンといったタイプを思い起こせば、無数のユダヤ人道化師たちの滑稽さは、あの肉体的近寄りがたさの意識的強調に起因する」。かくしてレフラーの見解によれば「チャップリンの奇妙に外側へ向かって立つ足、踏みしめるような歩き方、いわば孤立的に生じる滑稽な肩のすくめ方が、世界中である人種のシンボルとなった。つまりポーランドのゲットーでも、イギリス議会でも、フランクフルトの証券取引所においても、またハリウッドのスタジオでも彼らの連帯を否定できない人種のシンボルとなった」のである。

レフラー博士はさらに付け加えて言う。「われわれが学校時代を振り返り思い出すのは、ぶよぶよと太っているか、あるいは退廃的かつ病的タイプのユダヤ少年たちである。彼らは体操を『免除』されるか、無力な肉の塊のように鉄棒や平行棒につるされるしかなかった」。だが、金のこととなると、ユダヤ人は驚くべき野心をあらわにする。「いわゆる他の種目より貴族的なスポーツ種目（中略）テニスや乗馬やフェンシングのような種目ではユダヤ人が数多く入り込んでいるのがみられる（中略）ユダヤ人がこうした種目にむかったのはここに――アマチュアとしても――陸上競技やサッカーよりもはるかに多くを稼げる余地があったからだ」。それゆえユダヤ人に「スポーツが盛んになるにつれて新しい生計の糧が示された。それはまさしく、落ちつく場所のない、根無し草の生き方にぴったり合うようにみえるもの、すなわち国際的プロスポーツである」。

当然ユダヤ人は指導的地位へ突進するとレフラーは述べる。彼が思うに、ユダヤ人の大きな野心のせいである。俳優の世界がそのことを証明するよい例である。「クルト・ゲロン、樽の形をして、首なしで、偏平足の体は、ユダヤ人種がいかに退化しうるかを示しているのだが、彼には野心があり、結局、売春婦のひもを演じる必要はなかった。チャップリンの燃えるような憧れは、ナポレオンを演じられるようになることだった」。かくしてこの野心はスポーツのなかにも働き、「スポーツに才能のないユダヤ人の多くが、監督やチームの指導者そしてドイツのスポーツ人の代表となるにいたったのである」。

スポーツジャーナリストとして「ユダヤ人はさらにスポーツ生活や国家的生活への影響を及ぼしはじめた」。彼らが欲するのは「近代的スポーツ運動の精神的指導権を確保すること、あるいはその運動に決定的に関与することである。ベルリンのスポーツ新聞の大部分はユダヤ人の手に握られたし、ウィーンではほぼ例外なくそうなってしまった。最も重要なスポーツの書物はユダヤ人によって書かれたが、そのなかでは、分析し、極端なまでに追及し、あげくはオリエント的疑いという酸で感動的物語をふたたびずたずたにするユダヤ人の才能が勝利を祝ったのだ」。

ユダヤ人がとくに儲かるスポーツ種目に取り組んだというレフラーの仮説は、他のすべての非難と同様、事実に即したものではない。一九一四年より以前には体操がユダヤ人のスポーツ活動で一番重要な種目だったが、第一次世界大戦後はとくに陸上競技にその順位を抜かれたのである。

「ナチスは国民的選手ヒルシュを殺害する」

ところでサッカーは、ドイツのマカビクラブにおいて陸上競技あるいはハンドボールやホッケーなどのチームスポーツほど人気があるわけではなかった。有名なサッカー選手が欠けていたからだ。一番よく知られた選手はユリウス・ヒルシュとゴットフリート・フックスであった。二人ともドイツナショナルチームでプレーをしたが、もちろんナチズムの時代の前、すなわち一九一一年から一九一三年のあいだである。ヒルシュ（一八九二年生まれ）は最初のユダヤ人選手としておもに国際試合でドイツのために戦った。それは数にして七回、すなわちカールスルーエ・サッカークラブ（KFV）のメンバーとして四回、フィルト・スポーツ連合で三回である。フックス（一八八九年生まれ、ヒルシュと同じくKFV）は六回出場し、今日でもまだ通用する記録を打ちたてた。一九一二年七月一日、フックスは、ある国際試合で一〇点のゴールを決めたのだ。ストックホルムでのオリンピックサッカートーナメントで、ドイツチームはロシアを一六対〇で下した。これも記録である。

しかしナチスはこうした英雄的行為を歴史から消し去ろうとした。今は亡きスポーツジャーナリストのミヒャエル・シュタインブレッヒャーは、三〇年代にいわゆる『キッカー写真集』を作成した。それは今日『キッカー年鑑』と呼ばれている。「ここには一九〇八年（著者注：最初の国際試合が行われた年）以来、ナショナルチームで活躍したすべての選手が収められるはずでした」とシュタインブレッヒャーは当時を振りかえった。全部で三九二人の選手がいた。簡単な履歴といっしょに小さな写真が載るはずだった。フックスとヒルシュが欠けていた。「ゲッベルス博士がユダヤ人はいっさいここに載せてはならないと命じたのです」とシュタインブレッヒャーは語った。一九八八年、あるケルンの出版社から復刻版が出されたとき、何かが欠けていた。三頁と四頁にはヒトラーと全国スポーツ指導者チャマー・ウント・オステンの写真が載っているが、この二人といっしょに写っているナショナルチームかつ選手権優勝チームの選手は一部だけである。

『フランクフルター・ルントシャウ』紙は一九九七年二月二十六日版で「ナチスはナショナルチームのヒルシュ選手を殺害した」という見出しを掲げ、フックスとヒルシュ両選手の運命をかなり詳しく解明した。ゴットフリート・フックスは一九三七年、まさにぎりぎりのところでカナダへ逃れたが、ユリウス・ヒルシュは国内にとどまった。

みんなからただ「ユラー」と呼ばれたユリウス・ヒルシュは一九二五年に選手の経歴を終えた。「小柄でスピードのある、黒髪のフォワードの背を丸めた攻撃的スタイルは有名であった」とヴェルナー・スクレントニーは書いている。「ヒルシュのズボンが見えなくなると、ゴールが決まる」(スクレントニー、八、九頁、一九九三年)というのを当時バーデンの都の若者たちは知っていた。

ナチスの政権掌握のあと、ゴールはもはやカウントされなかった。まずヒルシュはカールスルーエFVの選手資格を失い、すぐにそのあと仕事の場を失った。一九三三年四月十日、彼は次のような言葉を添えてカールスルーエFVに退会届けを送った。「本日私は『シュトゥットガルト・スポーツ報道』で、カールスルーエFVも属する偉大な協会が、ユダヤ人をスポーツクラブから排除するという決定をくだしたことを報じた記事を読んでいます。いま私は断腸の思いで、一九〇二年以来所属したわが愛するカールスルーエFVに退会を通知しなければなりません。しかし私は一言述べておきたい。ドイツ民族の、かくも憎まれ代用で鞭打たれる者のなかにもりっぱな人間がいることを、民族への強い思いをもちそれを行為によって証明し、心の血を流して死んだユダヤ人たちがいることを」(スクレントニー、九頁)。ヒルシュの兄弟レオポルトは第一次世界大戦で戦死していた。

カールスルーエFVはこのとき退会届けを受け取ろうとはしなかった。「われわれはスポーツ委員会の方針が出るのをずっと待っていました。しかしそれは今日もまだ届いていません。われわれの見解では、あなたがカールスルーエFVを退会するなんの理由もありません。古いそして信頼のおける会員としてのあなたを失うようなことがあれば、われわれとしては大変残念です。したがってあなた

1912年のオリンピック、ドイツ代表チームのユリウス・ヒルシュ。

の退会届けはなかったということにいたしましょう」（スクレントニー、九頁）。だが方針はまもなく伝えられ、ヒルシュはクラブを去らねばならなかった。

ヒルシュはまず職を失ったが、それは彼の勤めていたスポーツ用品製造業、「ジグファ・スポーツ有限会社」が破産したからである。彼は「ジグファ・スポーツ」の支配人かつ旅行代理人として働いていた。

一九三四年、ヒルシュは短期間エルザスの監督として働いた。一九三七年と一九三八年にはエトリンゲン・マクサウにあるユダヤ人の商社で臨時雇いの会計係りとして働いたが、その商社がアーリア化されてしまい、彼はあらためて失職した。彼は『キッカー』誌の広告欄に監督として自己推薦したが、成果はなかった。それは「私の長年にわたる有益な仕事によってあなたのチームにサッカーを教えることができると私は確信しています。私のサッカーはどのやり方もナショナルリーグを勝ち抜くことを可能にするのです」というものだった。

ヒルシュの置かれた状況はしだいに切迫したものとなった。「一九三八年七月、ヒルシュはフランスの親類を訪ねたあと、乗っていた列車から飛び降り、そして精神病院に入れられた。数日後、帝国迫害の夜の出来事【いわゆる「水晶の夜事件」】を聞いたとき、彼の精神状態はさらに悪化した。プロテスタントの妻を救うため、一九三九年、彼は離婚届を出した」と『フランクフルター・ルントシャウ』紙は書いた。

それから彼はまずカールスルーエの地下工事事務所で砂利捨て場の臨時雇いの労働者として働くことを義務付けられた。それは彼がナチの大量殺戮から逃れる最後のチャンスとなる一九四三年二月よりまえのことだった。彼に「労働力投入輸送」のために出頭するよう命令がだされたとき、親しくしていた一人の機関士からドイツから連れ出す申し出があったが、彼はことわった。「ユダヤ人の大量虐殺の噂は本当ではなく、自分の身にそうしたことが起こるはずはないと確信してのことだった。一九四三年三月一日、ヒルシュは一一人のバーデンのユダヤ人といっしょに連行され、アウシュヴィッツへ送られた。二日後、彼は最後の便りを書き送った。娘のエスターへ宛てた絵葉書だった」(『フランクフルター・ルントシャウ』、一九九七年二月二十六日)。

カールスルーエの地区裁判所は、一九五〇年、ユリウス・ヒルシュが一九四五年五月八日に死亡したことを宣言した。当時定められた補償金は三四五〇マルクだった。彼の子どものハイノルトとエスターはテレージエンシュタット強制収容所で生きのびた。

ゴットフリート・フックスは二度とドイツへは戻らなかった。一九五五年、西ドイツナショナルチームがソ連で試合を行ったとき、西ドイツ代表チーム監督セップ・ヘルベルガーはカナダへ一通の挨拶状を送った(フックスはかつてロシアとの対戦で有名なゴール記録を打ちたてた)。しかしフックスは招待を受けいれなかった。彼は一九七二年モントリオールで亡くなった。カールスルーエのある新聞は「政治が彼に故郷を離れることを強制した」と追悼文で書いた。

ユリウス・ヒルシュとゴットフリート・フックスのあと、ドイツのナショナルチームでプレーをしたユダヤ人選手は一人もいなかった。

アイントラハト・フランクフルト「本日より指導者原理にしたがって運営する」

いわゆるユダヤ人クラブFCバイエルンについては前章ですでに述べた。それと並んでシュトゥットガルト・キッカースやテニス・ボルシア・ベルリンそしてとりわけアイントラハト・フランクフルトがユダヤ人色の強いクラブとみなされた。

アイントラハト・フランクフルトは今日六千人ちかくの会員をもっている。クラブの元支配人ユルゲン・ゲーアハルトの情報によれば、このクラブは「多くのユダヤ人にとって居心地のよい」環境にある。ユダヤ人は昔から町のスポーツ生活に高い関心をよせてきたという。こうした伝統ゆえにクラブは「ユダヤ人クラブ」とみなされ、何人かの時代後れの人たちの奇妙な中傷を誘発した。「アイントラハトのEおよびFユースの選手は今でも『ユダヤ少年』とやじられる」とユルゲン・ゲーアハルトは言う。彼はこの種のおろかしさをアイントラハトのサッカー少年たちに説明する難しさを語れる一人である。「一八歳の少年にヒトラーや第三帝国そしてユダヤ人に関する背景全体をはっきりさせるにはどうすべきか」。

第三帝国時代のアイントラハトにはユダヤ人の会員が数多くいただけではなく、一人は理事会の役員であった。フーゴ・ライスは、ヒトラーの政権掌握以前、長年にわたってこのクラブの財務理事を務めていた。しかし一九三三年の春にはライスではなくカール・レフラーが財務理事になっていた。一九三二年五月十二日の年次総会で、フーゴ・ライスはドイツスポーツ連盟の表彰状を受けとっていた。一九三二年七月のアイントラハト・クラブ通信に首席理事エゴン・フォン・ベロルディンゲン伯爵が、「役員会での彼の協力者、とりわけライス財務理事とロッツ事務局長の業績に対し感謝の辞」をよせた。

一九三三年五月のクラブ通信一頁目に「アイントラハトの統制」という大見出しが載り、次のように書かれていた。「大方の会員諸氏はきっと新聞で次の決定がなされたことを知ったであろう。一九三三年五月二日のフランクフルト・スポーツクラブ・アイントラハトの名誉会員と名誉主将そして古くからの会員諸氏による大会において、ベロルディンゲン伯爵が会長に指名された。（中略）一九三三年五月十八日に正規の定期総会が開かれ、帝国スポーツ委員長がスポーツクラブの方針を発表した。またわれらが会長、ベロルディンゲン伯爵は次の協力者諸氏を任命した。会長代理および青年団団長にヴィルヘルム・エーヴァルト、事務局長にヴィリー・ロッツ、財務理事にカール・レフラー（中略）クラブは本日より指導者原理にしたがって運営する」。比較的緊密な理事会に一つだけ変化があった。フーゴ・ライスが抜けたことである。

一九三三年に会長のベロルディンゲン伯爵が亡くなった。それゆえ一九三三年九月二十一日に臨時総会が招集された。議題は二つだった。一、規約を指導者原理に適合させること。二、クラブ指導者の選出。

伯爵の死後、アイントラハトの新しいクラブ指導者になったのは、ハンス・ゼーンゲンであった。彼は市体育評議員で、のちに大管区一三の体育帝国連盟代議員および突撃隊少佐となった人物である。一九三三年クラブ通信十二月号に彼はきびしい調子でこう書いた。「ナチスの革命は、自由主義の時代に誤った道を歩んだドイツのスポーツに対しても容赦はしなかった。（中略）したがって今日のスポーツにかかわる者はだれであれ認識しておかなければならないのは、喜んでかつ無条件で身をゆだねるか、あるいは——それができないなら——断固姿を消すかのどちらかだということである。怠惰な妥協の時代は終わった。（中略）われわれ全員が、それゆえアイントラハト・スポーツクラブが進むべき道ははっきり示されている。私は、クラブ全体がすすんで指導者を支持してくれることを確信しているので、当面クラブの運営を引き受けることを決意したしだいである。それは無名の突撃隊員という意味においてである。自己犠牲をいとわず義務を果たすことを優先させ、賛否を問うことなく、つねに仮象より存在を意志し、ただ一つのことだけを、すなわちドイツ、ほかならぬドイツだけを念頭に置いてすべて行動する突撃隊員という意味において、私はアイントラハト・スポーツクラブの指導者としての私の任務を理解しているつもりである。（中略）ハイル・ヒトラー」

アイントラハトは新しい関係に迅速に順応した。ユダヤ人会員は、他のクラブと同じようにクラブから追い出された。また出資者たちはまもなくドイツでの地位と自由を失った。アイントラハトはとりわけ財政的援助をユダヤ人企業である皮革工業J&C・A・シュナイダーの経営者と幹部社員から受けていた。その際、会社はスポンサーとして公式に登場することはなかったのであるが。マンゲル、シッツ、シトゥッブ、リンダーといった代表選手たちがそこで働いていた。経営者のヴァルター・ノイマンが一九三三年ドイツを去ったとき、会社の経営は同じユダヤ人のローターとフリッツのアードラー兄弟の手にゆだねられた。

代表選手ルディー・グラムリヒもこの皮革工業で働いていた。アイントラハトのこのディフェンスは、一九三四年にワールドカップが行われたイタリアを予定より早くあとにした。「困難な状況におかれたユダヤ人上司を助ける」ためだったという伝説が生きている。グラムリヒは確かに帰国した――ただそれは職業上の理由からだった。サッカー選手は皮革製品の企業にとって一番の購入者であって、大きな商取引が行われる際には不可欠な存在だった。

ベルト・メルツは一九三六年からアードラー・ノイマン皮革工業で見習いとして働いた。彼は一九二〇年に生まれ、一九六五年から一九八五年まで『フランクフルター・ルントシャウ』紙のスポーツ部長だった。彼は一九三八年十一月九日のいわゆる「第三帝国水晶の夜」のあと、アードラー兄弟が連れ去られたのを覚えている。当時、会社で働くユダヤ人は三人しかいなかった。他の者は数年前から「順々に移住した」という。メルツの言葉によれば、会社は「ナチスと関係のあった会社に引き継がれた」のだった。グラムリヒはそこで働き続けながら、一九三九年にアイントラハトの会長職を引き受け、フランクフルト親衛隊スポーツクラブにトレーニングを施した。むろんこのナチチームでプレーをするつもりはなかった――グラムリヒは「ひざのけが」を装ったとメルツは述べている。

ヒトラー独裁の時代に、フランクフルター・アイントラハトは、一九三三年と一九三八年の二回だけワールドカップ決勝戦への進出を果たした。アードラー兄弟は戦後ドイツへ戻ったが、皮革工場を売却するためであった。

地域のライバルチーム、FSVフランクフルトは、ユダヤ人の同胞アルフレッド・J・マイヤースによって率いられていた。マイヤースは亡命を余儀なくされ、「アメリカ合衆国での取締役」として新しい生活基盤を築いた。彼はFSVを忘れることはなかった。「FSVフランクフルトは一九四八年十二月、ついにまた伝統の青と黒のストライプシャツを着て試合に臨むことができたが、それはボルンハイマー・ハングの競技場を建てたかつてのマイヤース会長からの寄付のおかげである……」とヴェルナー・スクレントニーは書いた。

シュトゥットガルト・キッカース「われわれ自身はユダヤ人と一緒で何の問題もなかった」

一九一〇年生まれのヴァルター・トリップスは一九三八年の数カ月間シュトゥットガルト・キッカースの監督であった。トリップスは三〇年代に他をぬきんでた陸上競技選手で、一九三六年のベルリンオリンピックではチームの中核をなした。彼は扁桃腺炎のため出場を辞退しなければならなかったが、リッター・フォン・ハルトの表彰状を、彼の言うところによれば「感謝して」受けた。

トリップスはシュトゥットガルト・キッカースの情報を喜んで伝える時代の証人といわれる。当時シュトゥットガルト・キッカースにはユダヤ人の役員は一人もいなかったにもかかわらず、この三〇年代にユダヤ人がいたチームなのである。トリップスによれば、ケルという名前の男性が戦前も戦後もキッカースにトレーニングを施したという。戦争中はアルゼンチンに移住した。ユダヤ人のグリューンフェルト兄弟も三〇年代初めのキッカースの有力選手に数えられていた。彼らも国外移住をした。一人はイギリス、一人はアルゼンチンへ行った。二人は若いときからキッカースでプレーをしていた選手だった。

ナチスがケルやグリューンフェルトの運命にどの程度まで直接的影響を及ぼしたのかという質問に対し、多くの時代証言をするので有名な口の軽いトリップスは答えた。「影響なんてなにも受けなかった。それにわれわれ自身がユダヤ人と一緒で何の問題もなかったのさ」。

シュトゥットガルト・キッカースはユダヤ人から逆に利益を得ていた。スポンサーに羽根布団工場主のハーナウアーや、マルクス一族がいた。ハーナウアーはトリップスの記憶によれば衣料産業を営んでいた。ハーナウアー氏は「とても裕福な人」で、終生キッカースと良好な関係にあったという。彼も戦争中はやむなく国外にいた。彼はナチ独裁の年月をスイスのクロイツリンゲンで過ごした。マルクス一族も同じく国外へ移住した。

キッカースは、三〇年代には、のちの強豪VfBシュトゥットガルトより優位に立っていた。バーデン・ヴュルテンベルクの大管区リーグで大きな役割を演じ、一九三八／三九年シーズンでこのクラスのタイトルを獲得した。一九四二年キッカースは選手権決勝戦で予選試合に進出したが、SSシュトラースブルクに〇対二で敗れた。

テニス・ボルシア・ベルリン「三倍も力強い勝利、万歳」

七〇年代にクイズ番組（『ダリー・ダリー』）司会者ハンス・ローゼンタールがベルリンのプロチームであるテニス・ボルシアの会長になった。彼は、少年のころ長いあいだ身を隠してホローコストを生きのびたユダヤ人だった。

ポピュラーソング製作者のジャック・ホワイト、本名ホルスト・ヌスバウムは、やはり七〇年代にボルシアのユニフォームを身につけた。リベロとして。彼もユダヤ人である。

二人の例はテニス・ボルシアの歴史をよく表している。このクラブは一九〇二年にテニスおよび卓球クラブとしてベルリンに創設された。創立者のアルフレート・レッサーは、ニュー・ジーランドという名前のクラブがもつライセンスを当時五〇ペニッヒで買ったのである。その後ニーダーシェーンハウゼンにあるボルシア最初のサッカー場を手に入れた。レッサーはユダヤ人で、一九〇二年から一九三三年まで選手そして役員としてクラブにいた。マイク・ティッハーはユダヤ人サッカー選手に関する本の原稿で書いている。「二〇年代、ユダヤ人会員はクラブの約四分の一ないし三分の一を成していた」。

テニス・ボルシアはこの二〇年代にベルリンサッカーの二位へ進んだ。神さびたヘルタの次だった。ヘルタのもっとも有名で最高の選手がジーモン・ライゼロヴィッチで、ユダヤ人だった。今日彼の名を知る者はほとんどいないが、ベルリンのサッカー記念碑ヘルタBSCのハンネ・ゾベックはだれでも知っている。そのゾベックが第二次大戦後、ライゼロヴィッチについてこう語った。「私がまだベルリンサッカー場の垣根によじ登る子どもだったとき、テニス・ボルシアの一人の選手が私の手本だった。それはジーモン・ライゼロヴィッチだった。彼の競技能力だけではなく、道徳的性質が当時の私に大きな感銘を与えたのだ」。

ナチスが権力を握ったときユダヤ人会員はテニス・ボルシアを去った――それはまだ追放されるまえであった。一九三三年四月十一日、クラブの臨時総会で役員のウルリヒ・リューディガーはこう述べたという。「このたびの件は、政治がクラブに影響を及ぼしたということであろう。ユダヤ人会員の面々は役員会を牛耳っていたばかりではなく、ユダヤ人会員の大部分が脱会をも表明したのである」。

ユダヤ人選手と役員はユダヤ人クラブへどっと入会した――あるいは新たにクラブを設立した。たとえばアルフレート・レッサーは一九三三年、ベルリン・スポーツクラブを設立した。このクラブはベルリンで行われたユダヤ人の選手権大会に参加した。ジーモン・ライゼロヴィッチは当面のあいだ、ハコアー・ベルリンでプレーをしたが、一九三三年に目的地を告げずに亡命したといわれる。アルフレート・レッサーはリガで殺害されたと思われる。かつての役員仲間のユリウス・グートはリトアニアのコヴノ強制収容所で死亡した。

テニス・ボルシアは、かつてのユダヤ人会員をさっさと忘れ去ってしまったのだろうか。一九三三年八月二十九日、新たな総会が開かれた。役員のリューディガーがクラブ指導者に選ばれた。「演説は、すべてが秩序ある関係をもたらすためになされると確信させるもので、拍手喝采をもって受け入れられた」と議事録に記載された。総会の結びは「三倍も力強い勝利でわれらが尊敬する帝国大統領閣下ならびにわれらが首相アドルフ・ヒトラーに万歳を」であった。

ハコアー・ベルリン「トップクラスへの上昇」

ベルリンにはいわゆる「ユダヤ人クラブ」テニス・ボルシアとならんで、純粋のユダヤ人クラブであるハコアーがあった。ウィーンにもいわゆるユダヤ人クラブのオーストリアとならんで一九二五年に選手権を獲得した純粋のユダヤ人クラブ、ハコアーがあった。ハコアー・ベルリンはウィーン・ハコアーの招待試合のあと、一九二四年に設立された。ハコアー・ベルリンの幹部役員の一人、パウル・ケステンバウムは当時こう述べた。「クラブの設立はベルリンのたくさんの賛同と熱意があってはじめて可能になったのです。ベルリンのいろいろなサッカークラブで活躍するユダヤ人選手から実にたくさんの応募がわれわれのところに寄せられました。そのなかに、一級の人材と優秀な選手がたくさんいました。その結果、われわれはすぐにすぐれたチームを立ち上げる状況になったのです。われわれはただちに下位リーグで大きな役割を果たすことができました。われわれは四部リーグから出発しましたが、連続三年間で、どのリーグでも一位の座を占めることに成功しました。それゆえ、短期間でベルリンのトップクラスへ上昇することができたのです。このクラスでわれわれはつねに指導的役割を果たしました。その間にはまたクラブの若い世代の育成に努めてきました。その成果が、三つの学童チームと三つのジュニアチーム、二つの青年チームと四つの成人チームで、合計一二チームとなったのです。われわれのジュニアチームは、何度もベルリン選手権優勝を果たしました。それによってわれわれはベルリンサッカー界でよく知られる存在となったのです。われわれはひんぱんによそのチームと対戦し、実に優れた成果を挙げました。一九三〇年にアントワープで開かれたマカビ競技大会に、われわれのチームがドイツ代表として出場しました。そこでイギリス、フランス、ベルギー、ポーランドを制し、一位の座に着いたのです」。

ゲオルク・カレスキーとヘルマン・レヴェラーは一九二九年にハコアーとバルコクバ・ベルリンを合併するためのイニシアチブをとった。合併後、クラブにはI・T・S・V・バルコクバ・ハコアーという名がつけられた。そのサッカー部門は一九三七年に一度イスラエルへ遠征した。一九三四年、チームはドイツ・マカビ選手権を制した。このチームは次のサッカー選手から構成されていた。シャウル、イーゼンハイム、シュペルバー、カルプ、ヴァイス、ボーグナー、フース、ズッパー、ショラク、ザトラー、フィアツィガー、補欠：シャルフ、レーヴィン、マイアー＝カイト。この選手たちのなかでドイツチームの国際大会に出場した者はだれもいなかった。グリューネバウム（フランクフルト）、ラーフェ（ライプツィヒ）、ヘルシュ（ヴュルツブルク）、バル（ブレスラウ）のような、にらまれていたドイツ・マカビの選手たちも出場することはほとんどなかった。

反ユダヤ主義は生きのびた。一九四五年のあとのユダヤ人スポーツ

ハコアーの名は今日でもまだサッカー界で知られている。ハコアー・シドニーやハコアー・メルボルンはオーストラリアで名声のもっとも高いサッカークラブに数えられている。ハコアー・イスラエルは四〇年代始めに亡命したウィーン人の音頭のもとで設立され、一九七二／七三年のシーズンで二度優勝したあと、ナショナルリーグのチャンピオンになった。

ウィーンでもハコアーは第二次世界大戦後ふたたび復活した。それは一九四五年六月十日に早々と設立されたのだが、長くは続かなかった。サッカー部門は一九五一年にはもう解散に追い込まれてしまった。何よりも人員の問題のせいだった。ウィーンで生活しているユダヤ人はわずか五千人にすぎなかった。なかでも若者がきわめて少なかった。しかもチームのなかにときどき不和が生じた。多くの選手が、劣悪な食糧事情に見舞われていたところに突然ユダヤ人の祖母を一人見いだしたのだ。選手たちは、ハコアーに対する彼女の援助を介して利益を手に入れていた。つまり宗教的共同体が食料の小包を分配していたのである。口さがない民衆はそれを「小包ユダヤ人」と呼んだ。

「ドイツ・マカビ・ユダヤ人体操・スポーツ協会」は一九六五年五月二十三日に新たに設立された。

それは大衆スポーツの協会であるといってよい。「社会的要素が協会の本質的構成要素であったし現在もそうである」とドイツ・マカビ会長ヘンリー・マインガルテンは述べた。「会員数は当初少ないままだった。しかもユダヤ人クラブは、宗教的には開放的なクラブが多いなかにあってその点でも少数派だった」と『ターゲスシュピーゲル』紙は書いた。

それは時の流れとともに変化した。共産主義が終わったとき、東ヨーロッパからドイツへの移住が始まった。それはマカビ・クラブにとって有利に働いた。一九九五年、協会は二千人の会員を有していた——ドイツで生活するユダヤ人は約四万五〇〇〇人である。一五あるユダヤ人クラブのほとんどがバスケットボールとサッカーの種目で下位リーグに入っている。たとえばベルリン・バル・コクバを受け継ぐTuSマカビやTSVマカビ・ミュンヒェンである。『南ドイツ新聞』紙が書いたように、そこでは「正常な状態にする努力がなされている」。「われわれは決してエリートクラブではないし、また隅に追いやられたいと思っているわけではない」とTSVマカビ会員ハンス・シュナイダーは述べている。クラブというものは、どこの国の人間にも、どんな信仰的見解をもつ人間にも開かれている。

過去が忘れ去られないように、ベルリン・マカビのスポーツ選手はユニフォームのうえにダビデの星をつけて現れる。「マカビ・チャイ」というのは、どの競技に対してもマカビ会員が声援を送るときの言葉である。「チャイ」は「生命」の意味である。

サッカー場での反ユダヤ主義はむろん生き残っていた。ミュンヒェン・マカビの選手たちは「潜在的人種差別を言葉の攻撃という形でグラウンドの上で感じ」させられていると『南ドイツ新聞』紙は書いた。テニス・ボルシアの選手たちが、あからさまな人種差別主義を感じたのは、一九九八年彼らが「豊かな成果を挙げ、無敗で」(『フランクフルター・アルゲマイネ』紙)、北東地区リーグを勝ち進んでいるときだった。時代後れの対戦相手の目には、一位のチームがチームのスポンサーであるゲッティンガーグループからたっぷり受け取っているといわれる金と、ユダヤ人の伝統とが重なって写ったのだ。「ベルリンからやって来て金を持っているのはユダヤ人なのです。右翼系の人にとって敵のイメージができあがっているのです」とテニス・ボルシアのマネージャー、リントナーは『ハノーファーシェン・アルゲマイネン』紙に語った。ヘルマン・ゲルラントは、当時まだベルリンの監督であったが、敵地のドレスデンでの試合で耳にしたのは、彼が「ユダヤの豚」であり、「またお前をかまどへ放り込んでやる」という言葉だった。

これは何事にも動じないゲルラントの心にさえ突き刺さるものだった。「悲しいことです」と彼は言った。女性や子供ですら人種差別的で反ユダヤ主義のおしゃべりに加わったという。そのうえベルリンのチームは平均以上に外国人を雇っているので、「怠け者外人同盟」だの「外国人野郎部隊」といった言葉も「ユダヤ人のくそ野郎」の叫びと一体となって言葉の攻撃に使われるのだ。

ドレスデンやそこと似たようなことが起こるケムニッツでもすべてが反ユダヤ主義なのだろうか。それとも旧東ドイツ地域と旧西ドイツ地域とのあいだに生じる葛藤の問題なのだろうか。というのは『フランクフルター・アルゲマイネ』紙によれば、テニス・ボルシアは「東で怒りを呼び起こす役を負わされている」からだ。成功した人や裕福な人たちへのねたみが、こうしたいわゆるファンの態度を生む一番の動因になっているとマネージャーのリントナーは言う。人種差別主義や反ユダヤ主義がねたみや怒りの格好なはけ口になっているということが、事態をいっそう痛ましいものにする。

フランクフルター・アイントラハトの若手選手が「ユダヤ人」や「ユダヤ少年」という概念で侮辱されるということはこの章の他の箇所ですでに述べた。それは全国リーグの成人サッカー選手にもときどき起きていた。主にその責任は、隣人ともいえるオッフェンバッハー・キッカースにある。「たしかにアイントラハトとオッフェンバッハー・キッカースはもう一三年間おなじリーグで試合をしたことがない」とオッフェンバッハのファンクラブ雑誌『エルヴィン』のフォルカー・ゴルは言う。しかし屋内競技会でいっしょになるとき、その種の誹謗の叫びがあちこちから聞こえてくるという。オッフェンバッハの人たちの目には、アイントラハトは「ユダヤ人クラブ」に写るのだ。「土曜日の午後、ブンデスリーガ戦のあとオッフェンバッハでいつも耳にするのは、ユダヤ人の試合はどうだった、というおしゃべりである。老いも若きもそう言うのだ。そして彼らにはそれが普通なのだ」とゴルは述べる。オッフェンバッハのファンが数年前、新しいユダヤ系マネージャーのゲオルゲ・フーバーマンに反対して留保を表明したときもまったく普通だったのだろう。ゴルは言う。「最初のコメントはこうだった。『やれやれ、ユダヤ人でしかもフランクフルトの出身だ。しかし少なくとも金の扱いはうまいのだろう』」。

フランクフルトは敵のイメージをもたれている。キッカースが一九九三年上部リーグでロート・ヴァイス・フランクフルトと対戦したとき、幾人かのオッフェンバッハのファンが反ユダヤ主義の暴言を吐いたことにより警察に逮捕された。オッフェンバッハの大きな自動車販売会社の経営者である、当時のキッカース会長ユルゲン・ビットドルフは喧嘩好きのファンのかたをもった。『オッフェンバッハ・ポスト』紙は彼の言葉を引用した。「反ユダヤ主義的発言はしていなかったということだ。それにユダヤ人の小包たちは、フランクフルター・アイントラハトができてからずっと、わめきたてられているそうだ」。だからすべてが普通なのだ……。

キッカースのある元役員は別な見方をした。名誉会長ヴァルデマール・クラインはオッフェンバッハのブンデスリーガ時代にクラブのトップにいた人物だが、オッフェンバッハのユダヤ人協会に詫び状を書いた。ただし「そのことは報道機関の中でむしろ無視されてしまった」とゴルは言う。そこでこのテーマに対する『オッフェンバッハ・ポスト』紙のコメントをはっきりさせてみることにしよう。一九九三年四月三十日にこの新聞はビットドルフの意見に対して書いた。「それは完全に変だった。あきらかに感受性に欠けているだけではなく、極右の言葉遣いとの関係を疑わせしめるものだった。ナチの語彙であるこのひどい概念（著者注：ユダヤ人小包）が反ユダヤ主義的でないなら、いったい何だというのだろうか……サッカーの役員の多くはどうやらサッカー場のスタンドをマナーなどどうでもよい右翼の空間とみなしているようだ。そこでは無軌道そのものが最悪の仕方で受け入れられている」。

「ユダヤ人」という概念に対する多くのキッカース・ファンの態度だけがけしからぬというわけではなく、ゴルによれば、アイントラハトのファンも「ユダヤ人」という言葉を罵言にしてしまったらしい——オッフェンバッハのファンに対抗して。罵言としての「ユダヤ人」。それを習得しない人は何人もいる。

「『ユダヤ人』の概念は今日でもまだ多くのドイツ人にとって否定的な意味を帯びている」とシュル

ツェ＝マルメリングとジョンは述べる。一九八九年のエムニッド世論調査研究所のアンケートによれば、(西)ドイツ住民の約一五％が反ユダヤ主義的に反応する。さらに三〇％がそれに感染しやすいという(ジョン、シュルツェ＝マルメリング、一四六頁、一九九三年)。このときのアンケートに加わったドイツのユダヤ人は〇・一％以内である。

ユダヤ人のプロサッカー選手がドイツで活動する道を見つけるのはきわめてまれである。一九七三年の『キッカー年鑑』に収められたチームの写真のなかでクラウス＝ディーター・ジーロフと控えのゴールキーパー、ベルント・シュラーゲのあいだに写っているシュムエル・ローゼンタールは、一九七三／七四年シーズンのブンデスリーガでボルシア・メンヘングラートバッハのために一三の試合に出場した。ホルガー・イェンリヒはグラートバッハ名簿のなかでローゼンタールについて書いている。「彼がグラートバッハに入って出場することができた四二の国際試合が彼に大いに役立ったというわけではなかった。天性の技巧派の彼は、なによりもスピードとたくましさが要求されるブンデスリーガのなかで大きく伸びなかったのだ。ヴァイスヴァイラーはすばやく結論を出し、ローゼンタールの代わりにネッツァーにリベロをやらせた。大きな恨みを抱くことなく彼は、失敗に終わったそこでのサッカー経験のあと、彼の出身クラブ(著者注：ハポエル・ペタハ・ティクヴァ)へ戻った。彼は監督そしてマネージャーとして活躍し、その後もチームのために尽力した(中略)この海馬ひげをはやした男がブンデスリーガでサッカーをした最初のイスラエル人だった――ローゼンタールが(ほとんど)唯一の選手になるはずだ」(イェンリヒ、三〇七頁、一九九五年)。ほとんどというのは、彼と同郷の人、ダヴィッド・ピサンティーが一九八五年から一九八七年にかけて一九の試合を第一ＦＣケルンのために戦った。

はっきりとした敵のイメージがあるわけではないのに、「ユダヤ人」という罵言はドイツのサッカー場から追い払われてはいない。既述したように、フランクフルトやベルリンの選手がとりわけ誹謗されるが、審判や対戦相手も「ユダヤ人」という言葉でなじられる。「そしてアウシュヴィッツ・ガスに倣って『チクロン・B』と名乗る極右のベルリンのファンクラブも八〇年代の異常な歴史意識を表している」とジョンとシュルツェ＝マルメリングは書いている。そのうえミュンヒェンには「ドック・チクロン」という名前のファンクラブがある。また大変悪趣味な名前をもつファンクラブがベルリンにある。「究極の勝利」と名乗っている。

強制収容所に入れられたサッカー選手：ギヨルギ・ブラウンシュタイン

三〇年代、ギヨルギ・ブラウンシュタインはハンガリーのサッカーグラウンドをめまぐるしく移動していた。彼は祖国のA代表チームのために八つの試合に出場した。「ジャーナリストは私をバルナとかブラウンと呼び、私の名前の後ろの音節シュタインを飲み込むように消してしまった」とブラウンシュタインは語った。

一一年間彼はハンガリーの上部リーグでプレーをした。それはドイツのブンデスリーガに匹敵するリーグである。彼の活躍の場はパパイ・ペルツSC、ラバ・エト・ギョーアーそしてドサ・ウイペスト・ブタペストだった。一九四三年八月、彼はハンガリーのB代表チームで最後の試合をした。二年もたたないうちに彼は死の病に冒された者としてダッハウの強制収容所に拘留された。彼は重い胸膜炎を患っていた。肺に水がたまり、体重も四〇キロを切っていた。ユダヤ人ギヨルギ・ブラウンシュタインはナチの強制収容所および絶滅政策に巻き込まれたのだった。

戦争が始まったとき、ブラウンシュタインは繊維製品と毛織物のペルッ工場で部長代理として働いていた。ハンガリー政府へのドイツの圧力がしだいに強まったとき、ユダヤ人のサッカー選手ブラウンシュタインはプラッテン湖畔のタボルカ近郊の石切り場へ送られた。彼はそこで石を運ぶ、いわゆる重労働に従事した。一九四四年十一月に「行き先は知らされないまま」幾人かの仲間と汽車に乗せられたと、ブラウンシュタインは伝えている。

鉄道はオラーニエンブルクへ向かった。

ブラウンシュタインはドイツ帝国に到着した日にちをはっきり覚えていた。「一九四四年十一月十三日だった」。オラーニエンブルクにとどまったのは長い期間ではなかった。ザクセンハウゼンとブーヘンヴァルトの強制収容所を経て一九四五年一月十八日にダッハウへ入れられた。そこから春にガルミッシュ・パルテンキルヘン行きの「貨物列車に積み込まれた」。「私たちはおそらくそこで殺されるはずでした」。

このとき死のふちに立たされていたブラウンシュタインたちは幸運だった。ムルナウの近くで鉄道の線路がイギリス軍によって爆破されたのだ。列車は引き返さねばならなくなり、ダッハウへ戻った。しかしブラウンシュタインの力も神経も限界に達していた。「もし拳銃が一丁あれば私はたぶん自殺していたでしょう。もはや何の目的もなかったのです」。

ダッハウ強制収容所から解放されたあと、ギヨルギ・ブラウンシュタインは、第三帝国で妻もわずかしかいない血縁者も失っていた。彼はバイエルンで暮らした。彼はミュンヒェンへ出て、ある病院で働いた。二度目の妻も失い、彼自身も長年何回かの心筋梗塞に苦しんだ。やせ衰えたブラウンシュタインはサッカーに生きる支えを見いだした。TSV1860・ミュンヒェンのファンとして。年金生活者の彼はつねに練習のそばにいたと、他のサッカー仲間たちが伝えている。彼の話題はいつもTSV1860・ミュンヒェンの選手たちをめぐっていた。ギヨルギ・ブラウンシュタインはゲオルク・ブラウンシュタインと名乗り、九〇年代半ばにミュンヒェンで亡くなった。

平均以上のユダヤ人スポーツ選手ですらナチスにまともな取り扱いは望めなかったということを、ブラウンシュタインの例が示している。ブラウンシュタインはユダヤ人だった。それゆえに追放され、拉致され、ほとんど殺されたも同然の目にあわされたのだ。

第6章　悲劇と笑劇——戦時中のサッカー

「予定された国際試合は、時間的制約のゆえに、たしかに取りやめざるをえない。しかし、ユダヤ人やイギリスの憎悪に満ちた小商人には捕捉できなかった諸民族とのスポーツの交流は、これからも断じて続行しなければならない」（『十二時新聞』一九三九年九月）

「五時四五分、反撃を開始する」。一九三九年九月一日、侵略者ヒトラーが大衆操作によって彼の臣下たちに、ポーランドの不当な干渉に反撃しなければならないと思い込ませようとしたとき、第二次世界大戦は始まった。イギリスとフランスはドイツ帝国に宣戦を布告した。

ヒトラーの軍隊はまず気の毒なポーランドに侵攻し、五週間足らずのうちに七〇万人を捕虜にし、一三万三〇〇〇人の戦闘能力を奪い、七万人を殺害した。一方、ソ連の赤軍は、ヒトラー・スターリン条約に従い、いわゆる戦利品としてポーランドを分割し、約二一万七〇〇〇人のポーランド人を捕らえたのだった。国防軍の損失は、死者一万五七二二人、行方不明者三四〇九人、負傷者三万三二二人であった。

ドイツでのスポーツ活動は九月一日に突然停止した。サッカーシーズンは中断され、何人かの選手たちは戦場へ行かなければならなかった。しかし数週間後、ナチスは故郷に平常の状態を取り戻させようとしはじめた。競技会の禁止が解かれ、都市選手権や地域のカップ戦の開催がふたたび可能になった。一九三九年十一月、帝国スポーツ指導者チャマー・ウント・オステンは、結局ドイツサッカー選手権の続行を許可した。十二月十二日、専門誌『サッカー』は、「さあ、全力をあげて戦争選手権を」と陽気に報じた。

まもなく占領地域のクラブも参加した。たとえばNSTGプラハやミュールハウゼンとシュトラースブルクにあるエルザス地方のクラブである。さらにベレッケ・クラカウやSDWポーゼンというポーランドのクラブも参加したが、この二つのクラブはドイツの新しい大管区「ヴァルテラント」（ポーゼン、ホーエンザルツァ、リツマンシュタットの行政区域）と「総督管区」（その他のポーランド地区）に属していた。すでに東シュレージエンのチームはシュレージエン大管区に組み入れられていた。ポーランドではこれ以外の「スポーツは絶対禁止」の命令がヒトラーから出されていた。

他の占領地域、たとえばフランス、スロヴァキア、ベルギー、オランダ、デンマークではスポーツはある程度許されていた。国民感情のはけ口として、あるいは歴史家ヴァルター・グレーデの言い方によれば「攻撃をそらす」ために。

「ドイツ人の優越性を強調する」

占領している側と占領されている側とのあいだでときどきスポーツ対決が行われた。ウクライナで一九四二年八月、地元のチームとドイツ空軍スポーツクラブ「アードラー」の兵士一一人との試合が行われた。「試合は娯楽を提供し、ドイツ人の優越性を強調し、占領地域の安定性を信じ込ませなければならないものだった」（グレーデ、三二〇頁）。ディナモ・キエフの選手が数多く加わっていたといわれるウクライナチームは、これ見よがしに赤いユニフォーム（ディナモ本来のユニフォームは青・白である）を着て出場した。そして満員のスタジアムで五対三で勝利した。すばらしい成果は悪い結果をもたらした。翌日ドイツ人はディナモの選手全員を彼らの仕事場であるパン工場で逮捕した。「たいていの選手が収容所で命を失い、生き残った者はほんのわずかだった」とグレーデは伝えた。東ドイツの作家ツェラーは『サッカー・今と昔』という本のなかで、生きのびた選手の一人マカール・ゴンチャレンコに発言させた。「スパイ活動をしたという理由で、私たちはあの日の翌日パン工場から数珠《じゅず》つなぎに逮捕・連行されました。強制収容所へ、地下牢の中へ、巨大なネズミどものところへ。（中略）そのとき私たちが気をつけていたのは、ナチスの憎しみに満ちた目に触れて少しでも打ちのめされることのないよう、仲間同士一緒にいないようにすることでした。（中略）それにもかかわらずディナモの選手八人のうち四人は殺されてしまいました。その四人のなかの三人は他の囚人一七人といっしょに報復のために射殺されました。誰かが収容所長の犬を蹴とばしたからなのです。侮辱された犬一匹のために死んだのです。ゴールキーパーのトルセヴィッチとディフェンスのクリメンコとクスメンコです。（中略）四人目はセンターフォワードのコロトキッチでした。彼は私たちの目の前で射殺されました。収容所の監視員に反抗したせいです。たいていのゴールは彼が決めていたのです。（中略）私と友達のスウィリドフスキーは、キエフ奪還のための戦闘中に収容所から逃亡することに成功しました」（ツェラー、一六二頁、一九七八年）。

ツェラーによれば、「死のチーム」のメンバーは、一九六五年にソ連政府から「大祖国戦勲章」を授与され表彰された。キエフのいわゆる「死の試合」に関しては二冊の本が書かれている。アレキサンダー・ボルトシャゴウスキー『彼らの最大の試合』（一九六〇年、ベルリン）とロータル・クロイツ、カール・アンドリーセン『死を伴う試合』（一九六九年、ベルリン）である。

有名な映画監督ジョン・ヒューストンは占領国ドイツと捕虜チームとの勝負をテーマに映画を作成した。戦争の最後の年にサッカーの試合がパリで行われるというものである。シルベスター・スタローン主演の映画『勝利への脱出』には本物らしさがなかった。

映画は、捕虜収容所での生活と、ドイツ人がその優越性を示そうとして行うサッカーの試合の準備を描写する。捕虜たちは逃亡計画を立てる。パリの下水道を使って逃げようというのだ。

五万人のパリの観衆がこの勝負を見守っている。ドイツチームが一対〇の得点をあげると、スタジアムは死の静寂につつまれる。観衆の手の動きは止まったまま喝采の拍手は起こらない。フィールドで連合国チームは奮戦するが無駄である。スイス人審判が連合国チームに不利な笛を鳴らすのだ。彼は、この映画に特別出演しているエドソン・アランテス・ド・ナシメント、通称ペレに対する卑劣なファウルをわざと見逃す。ペレは負傷してフィールドを離れねばならない。そのときドイツ人チームは四対一の得点をあげる。

ハーフタイムに入り、スタローンは、計画どおり下水道から逃亡するつもりでいる。他のチームメイトは全員、この試合を名誉と国民の誇りの問題と考え、試合を続行しようと、そして勝利をもぎ取ろうと思っている。スタローンは彼らの意志に従う。

連合国チームは審判の不当な扱いにもかかわらず、二対四、三対四と挽回する。彼らの四点目のゴールを審判は認めない。だが同点のゴールが入る。ペレがひどい負傷をおしてもう一度フィールドに戻ってくる。彼の放つ華々しいオーバーヘッドキックで四対四の同点ゴールが決まるのだ。

ところが終了時間直前に、ドイツ側にペナルティーキックが与えられる。このやり方に観衆から抗議の声があがる。観衆は大声でフランス国歌ラ・マルセイーズを歌う。ドイツの選手がシュートを放つ――ゴールキーパー、スタローンがそれを止める。このとき観衆がフィールドへなだれ込み、サッカーの英雄たちを祝福する。映画はこうして終了する。本当の人生は違った成り行きになったであろうが。

「サッカー競技場での対戦相手はお前を殺すことができた」

強制収容所の監視員たちはときどき囚人たちとサッカーの試合をした。ハンガリー映画『地獄の二回のハーフタイム』はそうした例を実話に基づいて描いたものである。ユダヤ人の囚人が親衛隊員と行ったサッカーの試合は囚人たちの死で終わる（ジョン、シュルツェ＝マルメリング、一三二頁、一九九三年）。

この恐怖をアウシュビッツに入れられたオーストリアのプロサッカー選手、イゴール・フィッシャーも知っていた。監視員チームとの試合は特別な危険をはらんでいた。「サッカー場での対戦相手はそこでは特殊な相手だったからだ。相手はお前を殺すこともできた。すぐにその場ではなく、あとで！」。つまり「そこにいるのはきわめて危険な親衛隊員たちなのだ。たしかにサッカーは感情的な競技だ。それでプロは機会をとらえて、拷問者や監視員をかわし、反則をたくみに使い、相手を軽くたたく。しかし絶対に冷静さを失ってはならなかった」。フィッシャーはアウシュビッツで一種の監督の役を務め、何度も囚人チームを編成した。「すべて親衛隊の命令だった。彼らがそうすることを望んだのだ」（ジョン、シュルツ＝マルメリング、一三一、一三二頁）。

事実、一九四二年に親衛隊全国指導者ヒムラーの命令によりドイツの強制収容所では「労働実績を向上させるために、楽団が編成され、サッカーその他のスポーツの練習が許可された。もちろん日曜日の午後二時からの自由時間のあいだだけだった」（ある囚人の報告から）。

労働実績を高めるためであって、けっして囚人たちの残酷な収容所生活の軽減を図ってのことではない。はたして何のためなのだろうか。ナチスには――労働実績の向上と維持のほかに――別な意図があった。強制収容所の実態を覆い隠すために、見かけだけの人間性を装ったのだ。一九四〇年から一九四五年までダッハウの強制収容所に抑留されたフランツ・ブリュックルは囚人と看守とのサッカー試合を憶えている。「一九四四年春のことだったと思います。私は観客としてそこにいました。囚人たちは――健康で比較的栄養状態のよい男たちがプレーをさせられました――彼らの縞の囚人服でグラウンドに立ちました。最初囚人たちの声は弱々しいものでした。彼らは控えめにしていました。親衛隊との反則試合がどんな結果になるのかだれもわからなかったからです。しかし試合はまったく正常でフェアーでした。囚人たちはしだいに遠慮がなくなり、元気が出てきました。結局二一対〇で看守チームを下したのです。この種の試合は二度とありませんでした」。親衛隊は――この場合は――邪悪な敗者としての姿を見せなかった。ブリュックルは言う、「試合中、乱暴な反則もなかったし、後から何らかの制裁が加えられることもありませんでした」。

けれどもスポーツ活動は捕らわれた者にとって危険をはらんでいた。「囚人たちが仲間同士でサッカーをして何らかの負傷をしても、収容所の医者のところへ行くのを皆しり込みしました」とブリュックルは話した。囚人たちはいわゆる「死の注射器」を恐れたのだ。「親衛隊は信用できませんでした。痛みを和らげるという注射をうたれ、二〇分後には死んでしまうかもしれないのです」。だから囚人たちは該当の医者が信頼のおけるときにだけ、治療を望んだ。「今日はだれの当番なのか」というのが医務室へ行く前になされる普通の質問だった。

ダッハウの強制収容所では一九四三年の後半に囚人のサッカー試合が取り入れられた。試合が行われたのは日曜日と祝日で、場所は点呼を行う砂礫地であった。フランツ・ブリュックルによれば、「何百人もの囚人が」そこで「一九四五年三月頃に」皮製のボールを蹴ったという。最初は「ブロック」（バラック【囚人が寝泊まりする建物の一棟】）対「ブロック」で試合を行い、あとで民族間の競技が行われた。ブリュックルはルクセンブルク人グループのことを憶えている。「二八人か二九人の男たちで全員警察官でした。彼らはサッカーをするときには特に活動的になりました」。ユダヤ人は最初から除外されていた。「ユダヤ人には気晴らしになるようなことはいっさい許されませんでした」。

フランツ・ブリュックルは一九一〇年ポーゼンに生まれた。ドイツのポーランド侵攻のあと、親衛隊はポーゼンに強制収容所を作った。ブリュックルは当時ポーランド赤十字のメンバーだった。その身分のまま、囚人に寝具や衣類を運んだ。そのうえ逮捕に関する情報を収容所へひそかに持ち込み、投獄に関する情報をそこから持ち出した。「そのとき同郷の者がだれか私のことを告げ口したのです」。赤十字の協力者であるブリュックル自身がポーゼン強制収容所に入れられてしまったのだ。そこにいたのは一九四〇年三月十八日から四月二十四日まででであった。一九四〇年四月二十五日から終戦まで彼はダッハウに抑留された。ブリュックルはドイツにとどまった。今日、彼はミュンヒェンで暮らし、かつてのダッハウ強制収容所の国立祈念公園でおもに旅行者のためのガイドをしている。

総力戦、競技活動の激減

一九四二年と一九四三年にかけてドイツと連合国との軍事対決の様相は一変した。攻撃側が防戦にまわったのだ。ヒトラーはロシア進軍という「バルバロッサ計画」を強行し、スターリングラードの戦闘は兵力の後退を決定的なものにした。窮地に立たされて、ヨーゼフ・ゲッベルスは一九四三年二月十八日、ベルリンのスポーツ宮殿で有名な演説を行った。こうした末期にゲッベルス宣伝啓発相とその取り巻きたちは団結した。彼らは「総力戦」を欲したのだ。

それに先立って、一月十三日に「総動員」に向けてのヒトラーの公布が出され、一月二十七日には労働配置のための全権委任の政令、すなわちフリッツ・ザウケルの「帝国防衛の使命をはたす男子と女子に関する」政令が出されていた。それにしたがって、一六歳から六五歳までの男子と、一七歳から四五歳までの女子に例外（妊婦など）つきで奉仕義務が課された。さらに帝国経済省は二月四日、戦争に役立たないすべての企業とすべての旅館の閉鎖を命じた。およそ二〇〇万人の人間があらたに戦争経済に投入され、やがて前線に動員された。一万人の現役のサッカー選手と役員もこのとき戦争へ投入された。

こうした条件のもとで、スポーツと競技活動に対する諸々の制限は当然その効力を発揮した。スポーツは笑劇になったのだ。サッカーという保守的な小宇宙における革命に匹敵する冒険的提案を、一九四四年、ドイツのあるスポーツ新聞が伝えた。「帝国サッカー専門部局は、一チーム七人の選手で試合および競技会を開催し、競技活動を推し進めるという提案を行った。ゴールキーパー一人、ディフェンス一人、ハーフバック二人、フォワード三人からなる編成で目的にかなったものである。フィールドは従来の大きさも可能だが、二対三の比率で縮小してもよい（六〇×九〇メートル、五〇×七五メートル、四〇×六〇メートル）。（中略）オフサイドのルールは七人チームの場合には廃止する。試合時間については、一チームが一日に三回出場しなければならないリーグ戦形式で行う場合には、二×一二分で三分のハーフタイムとなる。七人チームの試合を一試合だけ行う場合は、試合時間を二×三〇分に延ばすことができる」（ヴァルター、一〇四頁、一九五九年）。むろん実行されることのなかったこの異常な提案がなされた背景には、選手の人員不足と並んで、試合時間を短縮することで空襲警報による中断を少なくしたという事実があった。

選手の人員不足は、戦争に入るまえからすでに考慮されねばならない問題だった。すでに戦争二年目で競技活動に参加するのは一万四〇〇〇チームになっていた（一九三七年には約三万チームであった）。数多くの選手が召集され、競技リーグ全体の削減が必要になった。下位のリーグでは多くのクラブで練習自体が休止されてしまった。

窮地のなかで生まれたのがいわゆる戦時同盟（「戦時スポーツ協会」）であった。この協会の一つが、Ｔｕｓ４８／９９の選手とクラブから構成されたドゥイスブルクＫＳＧであった。戦時生まれのこのチームは、一九四四年のドイツ選手権ベスト一六の試合に進出したが、空軍スポーツクラブ（ＬＳＶ）・ハンブルクに〇対三で敗退した。しかしドゥイスブルクは予選で常勝の王者ＦＣシャルケ０４と対戦していたのだった。

さらなる改革は、未成年の選手が成人選手とおなじチームでいっしょにプレーをしてもよいという点だった。そのうえ、いわゆる招待試合の認可が出され、選手たちは複数のクラブで同時にボールを蹴ることが許された。兵隊選手にも帰休している場合にはそれが適用された。一九四三年、八万人の観衆をまえにドイツ選手権の準決勝を戦った、ドレスデンＳＣとＦＶザールブリュッケン（ドレスデンが三対〇で勝った）の選手二二人のうち一六人は兵士であった。一人の選手は片腕しかなかった。二人の選手は野戦病院から呼び寄せられたのだった。

試合を開催するための状況はますます厳しいものとなった。帰休兵が試合開始の数分前にようやく到着し、着替えもそこそこに急いでボールを蹴ることもしばしばあった。遅刻する選手がいる場合には、最初の数分間は定数以下で試合をしなければならなかった。

人員の連続性は成功を保証するという今日でも通用する原則は、戦争において必然的に矛盾に陥る。すばやい交代でさまざまな選手がユニフォームを着るという有名なチームがないわけではなかった。その理由は、前線からの帰休が認められない、選手が戦死した、配属先が変わった、規定の変更により選手は配属先の土地にあるどのクラブでもプレーができるようになったというものだった。大管区リーグでも奇妙な結果が続出した。ハーディ・グリューネは「無作為に一九四二／四三年の大管区リーグシーズンのある試合日を選び出した。すると一九四二年十一月二日に行われた九六試合で五四二回のゴールが決まっていたのである。平均すると一試合につき五・六点である。二桁の得点結果が六試合も記載された（一六対一、一対一〇、一七対〇、一対一〇、一五対二、一〇対〇）。さらに八チームが七点あるいはそれ以上の得点をあげていた。一九四三／四四年のシーズンではさらに高い得点になっていた。たとえば海軍の兵士を多く投入したヴィルヘルムスハーフェン05連合チームが、ASVブルーメンタールをすんなり二五対〇で下した。しかし記録は、ジーガーラントのクラブ、ゲルマニア・ムーダースバッハがもっている。この赤・黄チームはリーグ戦でFVエンガースを下したが、このとき三二対〇を記録した」（グリューネ　一一六頁、一九九五年）。

戦争が四年目に入り、帝国スポーツ指導者チャマー・ウント・オステンは諸々の制限を加えた。「スポーツの交流を制限するため、一九四二年三月二日から当分のあいだ次の規定を適用する。ナチス体育帝国協会における選手権を含むスポーツの開催および強化合宿には制限を加えない。ただし地方の管轄下にあるスポーツ大管区（スポーツ領域）への、地方をまたがるスポーツの交流には制限が加えられる。スポーツ大管区の境界を越えるスポーツの開催は遠征ルートが五〇キロを超えない場合にのみ許可する」（専門誌『サッカー』一九四二年二月二十四日）。例外規定は大管区リーグ選手権の決勝戦にのみ適用された。こうした遠征制限の理由は明白である。ガソリン、バス、鉄道――あらゆる輸送手段がすべて戦争のために使われたのだ。

無邪気な熱狂？

ともかくサッカーが続けられたということは、サッカーに対する当時の熱烈な国民的人気のおかげである。一九四四年の夏、爆撃におののくケルンで都市選抜チームと軍人チーム「赤い狩人」の試合が行われた。一万二〇〇〇人の観衆が集まった。「ワーワーという声が広い円形のスタジアムから、たそがれ行く夕暮れの空へ立ち昇った」とフリッツ・ヴァルターはその雰囲気を記述した。「一万二〇〇〇人もの人びとがいったいどうしてこうしたことに、こんなに無邪気にそして情熱的に熱狂することができるのだろう」（ヴァルター、八三頁、一九五九年）。

選手たちも九〇分間は雑念を払うことができた。ヘルムート・シェーンは、一九四四年のドイツ選手権決勝戦での感情を覚えている。「不可能な状況でした。国中で、前線で人びとは絶望していました。それに対して私たちはサッカーをしなければなりませんでした。試合のあいだ私たちは絶望を完全に忘れていました」。

それはスポーツの大一番を観客として見守った兵士たちにも当てはまったかもしれない。時代の目撃者ヴォルフガング・ヘンペルが伝えるところによれば、一九四一年六月二十二日、ドイツがソ連邦に侵攻したこの日、そしてシャルケ04対ラピッド・ウィーンのサッカー決勝戦の日に、大勢の負傷兵がベルリン・オリンピックスタジアムの陸上トラックへ押しかけた。サッカーの大一番の体験を共にするために。また『ミュンヒエン・ノイエステ・ナハリヒテン』紙は、一九四二年七月六日に行われたシャルケ04対ヴィエナ・ウィーンのドイツ選手権決勝戦の模様を報じた。「オリンピックスタジアムの日曜日の様子はすごかった。頭と頭がせき止められ大きな塊になっていた。陸上トラックの両サイドでは、帝国スポーツ指導者から決勝戦に招待された多くの負傷兵が観戦した。貴賓席には、同じく勇敢なそして前線での試練を経た何千人もの軍人たちが国防軍の制服に身をかためて席についていた。本試合の前に行われたハンブルクのヒトラー・ユーゲント・イレブン対ベルリンのヒトラー・ユーゲント選抜チームの試合で、ハンブルクがベルリンを七対一で下したあと、一〇万人の観衆から前線の兵士および野戦病院の傷病兵に対する挨拶の声が沸きあがった。そして最後の勝利のために働いている郷土から総統に対する挨拶の声が響きわたった」。「サッカーは残された人生を――それを人生と呼べる限りにおいて――耐えられるものにした」とフリッツ・ヴァルターは書いた。

スポーツマン、ヴァルターの志にもかかわらず、彼や彼の仲間たちはあきらかにナチのスポーツ政策の道具として活動したにすぎない。彼らは政権のためにプレーをしたが、その政権はスポーツを開催し、それによって死が待ちかまえる悲惨な戦争状況を背後に押しやり、戦争で疲弊した国民を「よい気分」にさせようとした。前線の慰問興行あるいはウーファ映画【一九一七年創立のドイツ最大の映画会社】の担った役割と同じだった。

結局、前線からの悲報が次々と届くばかりであった。しかも全国スポーツ指導者チャマー・ウント・オステンの判断は「総力戦を遂行する任務にスポーツを組み込むことは戦争にとって重要である」というものだった。「大管区段階までの地域的・隣人関係的性格を持つスポーツに関する催しや競技会は労働意欲および業績向上意欲を維持するために遂行するべきである」（『サッカー』誌、一九四二年二月二十三日）。

「指導部は一般市民に対して強さを示して見せたかったのだ」とドレスデンSCで選手権を二回制

した選手でならし、のちに代表監督になったヘルムート・シェーンは書いた。ナチスからの通達があったにせよ「われわれはどんなことにも動じない。われわれはサッカーを続けるだけだ」（シェーン、一二三頁、一九七八年）。そして戦争の敵に対する強さは中立国あるいは占領国に対する勝利で示さねばならなかった。グイード・フォン・メングデンが述べたように、「勝利」という言葉はこのとき「スターリングラードの尺度で測られるのだ」。

国民突撃隊が郷土を守る

一九四四年、空襲がますます激しくなり、選手権大会の試合が中断されずに行われることはもはやなかった。サッカーの試合もいままでのように大々的に開催することはできず、そのためのしっかりとした安全対策が必要だった。その対策の一つが、スポーツ競技大会の場所と時間を秘密にしておくことだった。たとえば一九四四年六月に行われたドイツ・サッカー決勝戦がそうだった。「日曜日の早朝（著者注：決勝戦の日）になってようやく、オリンピックスタジアム（ベルリン）が開催場所であることを告げる許可がでた」とカール・コッペヘルは書いている。直前の情報にもかかわらず、公式発表によれば七万人の観衆が、ドレスデンSC対ハンブルク・空軍スポーツクラブの試合にやってきた。大管区空軍部隊の特別管理部が一五分ごとに防空状況を伝えた。「敵のベルリン攻撃があれば、観衆は無防備の状態でどこかへ散り散りに逃げ惑わなければならなかったであろう」とコッペヘルは述べた（二一四頁、一九五四年）。

選手にとっても、こうした状況のなかでスポーツの仕事をこなすことは容易ではなかった。一九四

ヘルムート・シェーン。ドレスデンSCで２回ドイツ選手権を獲得し、戦争中は何度も代表チームで活躍した。写真は1940年、対デンマーク戦で１対０のゴールを決めたときのものである。

三年の決勝戦の際、ドレスデンＳＣの出場選手のあいだで「奇妙な会話」がかわされたと、ドレスデンチームの選手だったシェーンは伝えている（シェーン、一二〇頁）。「もし明日俺たちの試合がある場合、トミー（イギリス人のこと）にはそのことがわかるのだろうか。それにトミーが低空飛行でやってきて機関銃を貴賓席へむけて撃ったり、座席の真ん中に爆弾を落とすけれど、いったい試合のあることがどうしてわかっていたのだろう」と選手たちは知りたがったという。

一九四四年六月六日、連合軍がノルマンディーに上陸し、赤軍がじわじわと進軍を続けると、ドイツ帝国は一九四四年の夏にはいっそうの苦境に陥った。それにともないスポーツ競技の遂行にもきびしい制限が設けられた。一九四四／四五年の大管区リーグ・シーズンでは、状況の変化を考慮して、一六の大管区リーグを解体し、その代わりに一〇〇の地区リーグが編成された。まだ存続している六〇〇あまりのクラブと戦時スポーツ協会がいっしょにスポーツ活動に参加した。

こうして新しいリーグ戦が、直接的には旧リーグ戦にしたがって一九四四年七月十六日に始まった。新しい規定は、夏季の試合休止期間がスポーツ活動の停滞を招きかねないという恐れから生まれたものだった。

しかし二カ月が経過した。一九四四年九月、連合軍兵士がいわゆる「旧ドイツ帝国」の土をはじめて踏んだとき、大管区リーグ・シーズンは中断された。ヒトラーはいわゆる「国民突撃隊」を「郷土」の防衛のために見込みのない戦闘へ送り込んだ。一六歳から六〇歳までの、これまで召集されなかったすべての男子が一九四四年九月二十五日の公布によって軍隊へ行かねばならなかった。

サッカー選手権の終了とともにスポーツ管理の仕事も最小限に縮小された。「サッカー専門部局」にはまだ二人の専任局員が働いていた。彼らの差し迫った任務は「個々の人物の運命をつきとめる」ことだった（コッペヘル、二二四頁）。

競技場やクラブハウスは崩壊した。例外的にしぶとい人たちが親善試合を行った。最後の有名な試合が一九四五年四月二十三日にミュンヒェンで行われた。ヒトラーが自殺する一週間前であり、ドイツ第三帝国が無条件降伏するちょうど二週間前のことだった。FCバイエルンがTSV1860を三対二で下した。

第7章　一九四五年以降のドイツサッカー協会
——ナショナリズム、過去の克服をせず

ドイツサッカー協会（DFB）は、今日、約六二〇万人の会員を抱え、世界最大のスポーツ協会の一つになっている。協会は過去百年の歴史を振り返っている【二〇〇〇年に協会史『ドイツサッカー協会百年』を出版】。この協会史の描く政治的側面は、スポーツを扱う部分と比べると栄光の輝きははるかに少ない。その特徴は、超保守的幹部たちが支配している実態が叙述されている点にある。彼らをみると、極右思想の独裁者たちと親しく交わったり、迎合し易い性質を持っていることが何度も実証されてきた。

協会は、幹部の構成に着目すると、その設立の当初からすでに民族主義的、保守的な色彩でいろどられていた。ドイツ体操家連盟が、サッカーは「非ドイツ的」な競技であると見なし、これを極端なまでに排撃をしてきたが、この組織とドイツサッカー協会はこの点で変わるところはほとんどなかった。サッカーをする人たちは、なるほど体操競技者よりは節度があった。なにしろ体操競技者は、国際試合を例外なく拒絶し、足の先からてっぺんまで反ユダヤ主義につかっていたからである。しかし、

ドイツサッカー協会といえども、スポーツとは「外敵」に対するドイツ国民の内的団結を鍛え上げるための道具である、ととらえていた。したがって幹部連中は第一次世界大戦を熱狂的に歓迎した。

リベラルで国際主義を志向する人びとは、一九一四年以前に、度を超した妨害にしばしば打ち克ち、苦労の末に外国のチームと最初の交流を生み出していた。しかし、その後の時代には無視され、周辺に追いやられてきたことが誰の目にも明らかである。国際試合は、国際理解のための機会であるとは見なされず、国家主義《ナショナル》思想に基づいて国力を図るバロメーターであると考えられた。また、自国の方が徳や品行において優れているのだという〈優秀性〉を証明する戦いとして、【武力に代わる】代理戦争であると見なされた。

一九三三年、ドイツサッカー協会は国粋的《ナショナル》保守主義を一歩踏み越え、ファシズムへと歩み出した。ナチス・イデオロギーと完全に同一であったのか、それとも処世術で権力にすり寄ったのかはここでは問うのをやめよう。そのどちらであっても、協会のドイツ国家主義《ナショナル》的な性格は、権力への迎合を容易にした決定的な要素である。

ファシズムが戦争に敗北をし、連合国がドイツスポーツ界の運命をも掌握する事態になると、ドイツサッカー協会は、ドイツ国家主義的な性格に回帰した。ナチス式美辞麗句はすでに時宜にかなったものではなくなり、それ以前の立場、すなわち一九三三年以前の見地を拠り所とした。そして「ナチス政体に迎合したのは確かだが、いやいやながらそうしたのだ」と主張した。この主張には納得させられる人びともいた。こうした立場にたつことで、協会の指導的な幹部連中は、自分たちは加害者ではなく、被害者なのであると言いたかったのである。したがって、協会は、その組織内に元ナチスが

〈避難先〉として潜り込んできても、ほとんど問題とすることはなかった。

ドイツサッカー協会は、すでにヴァイマル共和国時代に労働者スポーツ運動とは一線を画していたが、その理由は、「協会とはスポーツ組織であり、超党派であり、政治からは独立するものである」という見解にあった。こうした立場は一九四五年以降も受け継がれた。しかし、実態はというと、協会はその設立以来、一貫として政治に奉仕してきたのである。しかも、もっぱら右翼陣営に向かって身をすり寄せてきた。協会が政治的に中立であった、などと言うことは断じてなかった。ドイツ連邦共和国（西ドイツ）サッカー協会は、（共に保守政党の）キリスト教民主同盟（CDU）、キリスト教社会同盟（CSU）と同じ路線であることは疑う余地がない。この両同盟に近ければ近いほど、また保守的立場が強固であればあるほど、それが協会内で出世を図るための一定の条件であることが長年にわたり維持されてきた。協会は、コール首相時代に「精神的・道徳的」転換を推し進め、国家的《ナショナル》な意欲と自信を取り戻す努力を続けた。この点で、西ドイツには協会ほど保守的に振る舞ってきた組織・機関は存在しない。ドイツサッカー協会（DFB）は、全国選抜チームのユニフォームに西ドイツ国旗の黒・赤・金を入れさせ、その選手たちに国歌を全員で歌うように命じてきた。こうした意気込みでDFBは「プロジェクト・国家的自覚」に参加したが、この意気込みを支えているものは、（敗戦の）一九四五年五月八日によってもなお途切れることのなかった、協会の国家主義的、保守主義的な連続性である。

民主主義？　非ナチ化？

興味深い現象がある。それは、国内スポーツ組織および国際スポーツ組織が入居しているビルの幹部連中のフロアでは、民主主義を妨げ続ける人びとが一目でわかるほど幅をきかしていることである。国際オリンピック委員会（ＩＯＣ）は、ファン・アントニオ・サマランチ【会長在任期間：一九九〇～二〇〇一年】を頂点にして、（相も変わらずに）元フランコ主義者たちにより動かされている。彼はフランコ支配が終焉した後も独裁者を演じることが許されている。一九九八年のワールドカップまで、国際サッカー連盟（ＦＩＦＡ）のトップの地位（会長）にはジョアン・アベランジェが就任していた。彼が築き上げた富は、ポルトガルから逃れてきた、サラザール・ファシスト政体のある閣僚とのいかがわしい商売のお陰であることは言うまでもない。この腐敗したブラジル出身の会長は、一九七〇年代に、市民権が剝奪される、というところまではいかなかったが、この原因は当時の首相で独裁者エルネスト・ガイゼルとの親しい関係にあった。これに彼は感謝をしなければならなかった。アルゼンチンの臨時政府のカルロス・ラコステ将軍は、アベランジェによってＦＩＦＡ副会長に指名され、ボリビアの独裁者ヒューゴ・ブランツァーは、ＦＩＦＡのボスの兵器製造所から八万発の榴弾を提供された。

ＩＯＣやＦＩＦＡのような（国際）組織は最期の君主制である。では国内スポーツ組織のほうはどうかというと、国際組織よりはまだましである、とは言えない事態がしばしば生じている。国際、国内両スポーツ組織は、外部からの政治的な影響力の行使に対しては激しく、果敢に拒絶姿勢を示すが、自分たちは政治的でも非政治的でもなく、自称「中立」であるとする立場に、疑いをはさむことなどほとんどない。声を挙げるときはといえば、通常、次のような場合のみである。すなわち、政治の世界が、自分たちの組織の金銭的問題に触れてくるような場合か、あるいは、こうした組織の民主的正当性に疑いのメスが入れられるような場合だけである。組織は、民主主義の環境下にあっても、独裁や腐敗を拡げる温床となるような特殊な役割を手放そうとはしない。

一九四五年以降、民主化と非ナチス化はドイツサッカー協会（ＤＦＢ）の頭の上を通り過ぎていったに過ぎない。ＤＦＢは、「スポーツの自立性」とやらを、今や素早く再発見した。わずか数年前に、ＤＦＢが進んでナチスのために手放してきたシロモノである。ゲオルク・クサンドリー博士は、ヒトラー政体の時代にＤＦＢのゼネラルマネージャーであったが、一九五一年、彼は「新しい」ＤＦＢを支配する古い精神について以下のように書いている。「一九四九年という年から、新しい、しかし基本的には昔のままのＤＦＢが成長した。この組織では、昔と同じ精神が、同じ意思が、同じ努力が、今日のサッカー界で、組織を指導している幹部たちを背後から動かしている」。数年後に出版されたＤＦＢの公式の歴史書には次のような記述がある。「一九三八年、三九年、各クラブチームはナチスによる強制的同質化に応じたが、これは『例のナチスと共産主義を模範』にしてなされたのである」。この箇所を書いた人物は誰かといえば、一九三七年、よりによって、まさこの強制的同質化を達成するために、チャマー・ウント・オステン帝国スポーツ指導者により報道担当官に任命された当人、すなわち、カール・コッペヘルその人である。

ＤＦＢの創立七五周年記念の際に出された公式歴史書には、一九二五年から一九四五年までＤＦＢを指導してきたフェリクス・リネマンについて以下のように記されている。「彼に、組織の潰滅を覚悟してまで（ナチス政体に対して）抵抗せよ、というのであろうか。またサッカー協会を破壊にさらしなさい、というのであろうか。彼はそうはしないで、権威的指導部の原理原則を言われたとおりに認め、実行する道を選び、この原理原則に導かれた組織を、新しい（ナチス）国家に順応させる道をおおっぴらに進んだのである。他に選択の余地はなかったのである。今日、振り返れば、次のように言えるであろう。すなわち、彼はこうした道を歩んだ点で功労者なのである」。リネマンは、ナチス政体がまだ忠誠を要求しないないうちから早々と、熱狂的に、進んで忠誠を表明したことにはこれ以上触れるのをやめよう。ＤＦＢはこのとき以来、ドイツサッカー界で最高のご意見番であり続けようと画策してきただけではない。ＤＦＢは、そのスポーツ運動を通してドイツ青少年層の教育アドヴァイザーになり、貢献しようとしている。ドイツの学校の歴史の授業では、ショル兄妹【一九四三年、反ナチ抵抗運動のビラ『白バラ』を発行したかどで、フーバー・ミュンヒェン大学教授らと共に逮捕され、処刑される】や七月二十日事件【主として国防軍の軍人らによる、ヒトラーとナチ党を権力の座から排除しようとする試み。失敗に終る】が「めざすべき人間像」として讃えられている。しかし一方でＤＦＢは、一九七〇年代の半ばになっても民主主義的な時代精神に相変わらず反した言説を展開していた。すなわち、「抵抗ではなく、順応こそが時代の要請であった」と。他方、ＤＦＢがこのとき、同僚であったユダヤ人選手たちを権力に売り渡していた事実には一言も触れずに。

こうした救いがたい言辞を弄するのはなぜであろうか。スポーツ組織を守ろうとするとき、その組織を民主主義に基づく制度を創り上げることでこれを守ろうとする姿勢を取らず、これを軽視するからである。サッカーの組織を守るために、ナチス政体に賛意を示すことが絶対に必要であると考えてしまった。両者間で矛盾が生じれば、組織は終っていたであろうと思ったのである。

政体に歩み寄るための似たような方法は、罪を背負ったDFB幹部を、戦後いかに処遇するか、その対処の仕方によく表れていた。この幹部たちのナチス時代の政治的な思想と行動は、戦後になると目立たなくなってきた。代わりに彼らの評価の基準となったのは、サッカー協会幹部としての行為のみとなった。その幹部職についている人が、積極的なナチスであったかもしれないのに。その幹部は、予想どおり、ナチスの活動を積極的に実行していたので、DFBは、彼に対して過去に関する政治上の「潔白証明書」【Persilschein、ペルズィール洗剤に由来し、非ナチ化を進める当局により使われた言葉】を迅速に、何のためらいもなく交付した。こうしてDFBの公式の歴史記述からは、リネマンがナチスの親衛隊中佐であった事実が消されたままになっている。

もう一人、ナチスのイデオロギーに熱狂したヘルマン・ゲスマンも一九四五年以降はまったく議論の対象にならなくなってしまった。弁護士で、公証人のゲスマンは、一九六二年から一九七五年までDFB会長を務めたが、ナチス時代はVｆLオスナブリュックを統括していた。彼は『VｆLエヒョー』紙で（ドイツがオーストリアと、チェコスロヴァキアのズデーテン地方を自国に併合したとき）、併合は、「愛されるヒトラー総統」ならびにフランスへの進軍により、「オーストリアとズデーテンの我らが同胞を大ドイツ帝国に里帰りさせる」「偉大な歴史的行為である」と讃辞を贈っている。さらに「ドイツ中が総統への深い感動に包まれている」と書いている。ゲスマンは、「愛される総統」の五十歳の誕生日を祝う際、ナチスのスポーツ政策に事細かに称賛の声を寄せている。とりわけ次のように讃えている。「新しいドイツ人の創造に、共に協力することは決して些細なことではない。この新ドイツ人とは、『生半可な知識、怪しげな文化をまとった』、いわゆる『リベラルな特徴を持つ時代精神』とやらによって虚弱化された人間ではなく、ゲルマン民族の国家の必然性を明確に認識し、自らの肉体的能力を鍛え上げ、この能力と共に性格をも形成する人間である」。

ＤＦＢによれば、（ナチス支配の最初の）一九三三年から一九四九年の間に協会で変わったことと言えば、単に協会に送られてくる郵便物の宛先人だけであるという。協会が元来持っている、言わばアダムとイヴの「原罪」を調べていくと、一九四五年以降にＤＦＢの幹部連中が活動していた政治的環境・分野がどんなものであるかがあぶり出されてきた。それによると、ドイツサッカー協会とは、まさに政治的催し物を行う団体そのものでしかない。

ペコ・バウヴェンスと一九五四年ワールドカップ

ドイツサッカー協会全国選抜チームは一九五四年に初めてワールドカップ（スイス大会）で優勝したが、このとき、協会の会長はペコ・バウヴェンスであった。彼は国家主義的な多弁を弄し、時代がかったレトリックを用いたので、政界を混乱に陥れた。バウヴェンスこそまさに政治的な会長その人であった。彼はナチスの反ユダヤ主義とは距離をおいてはいたが、その排他的な愛国主義は共有していた。全国選抜チームは、バウヴェンスにとり報復を実行する手段となり、第二次世界大戦で打ち砕かれた国防軍の代役となった。ベルン（スイス）での勝利は、彼にとってはサッカー界で力の差を見せつける成果を得ただけではない。それは「実に喜ばしく、極めて特別な満足であり、言葉の真の意味における満足であった。というのもこの勝利は、国際サッカー連盟ＦＩＦＡに対して次のことを見せつけたからである。すなわち、ＦＩＦＡはかつてドイツにＦＩＦＡへの参加を拒絶したことがあったが、それこそがＦＩＦＡが演じた失態であったということを思い知らせたからである」（一九四二年、侵略国ドイツはＦＩＦＡから締め出された）。勝利の宴の席でバウヴェンスは、古代ゲルマンの雷神ヴォータンを呼び出し、開催国スイスのドイツに対する「わけの分からないねたみ」とやらを非難の的にした。さらに、（かつてドイツに併合され、後に）国家主権を取り戻したオーストリアを指して以下のように述べた。「あの国は、ほら、コンスタンツ【ドイツとスイスの国境の都市】あたりにあった、ドイツ領内の『土地』だったと思うが、今ちょっと名前を正確に思い出せない（中略）わが祖国ドイツから締め出された『あの土地』から要請が来た。『（帰国する西ドイツナショナルチームが乗った）列車は、コンスタンツに止めておいて下さい』。（中略）ドイツ国有鉄道、すなわちこの世界に誇れる鉄道機関へのアピールは、やがて成功した。わが祖国ドイツは、今は一つになることが許されなくなっている『あの土地』に住むドイツ人から忠誠を誓われたのだ」。内務省次官ブレックは、急遽、このＤＦＢ会長の（いまだにオーストリアをドイツ領の『あの土地』と見なす、大ドイツ主義的で）国粋主義的な「口撃」を和らげることに奔走した。「バウヴェンス氏の政治的発言は、西ドイツ首相が口にするサッカーの技術上のコメントほど真面目にうけとってはなりません」。西ドイツ大統領テオドール・ホイスもまた中に割って入らざるを得なくなった。「あの善良なバウヴェンス氏は、恐らく、良きサッカーは良き政治であると言いたかったのでしょう」。

ヘルマン・ノイベルガーと一九七八年ワールドカップ

ヘルマン・ノイベルガーは、一九七五年、ヘルマン・ゲスマンの後継者としてDFB会長に就任した。ヨアヒム・フェストは、保守系紙『フランクフルター・アルゲマイネ・ツァイトゥンク』で、このざっくばらんなザールラント州出身のノイベルガーを「野心的な地方君主」と形容し、「あの出しゃばり好きが、今も選手たちに事細かに指示を出し、彼らが競技場の外でどんな靴下をはき、あるいはどんなセーターを着なくてはならないかも決めている」と書いた。独裁的なノイベルガーは、(「選手は取り換えることができる。幹部はダメだ」と発言) DFBの外の世界でも、必ずしも民主主義の理解者として振る舞うことはしない。一九七八年のワールドカップはアルゼンチンで開催されたが、この南米の国は極右の軍人が支配していた。政党や労働組合は禁止されていた。市民一万五〇〇〇人が政治的理由で逮捕されるか、収容所送りとなっていた。囚人の多くが残酷な拷問を加えられ、さらにこれ以外に数千人の市民が連行され、残忍に殺害された。民主的な世論は憤慨した。だがDFB会長はそうではなかった。彼にとっては指導者たちを「独裁者」と呼ぶには事実があまりも不足していたらしい。「私は独裁者という定義には大変用心深い人間だ。なぜならば、もしそうでなくなると、極めて多くの国々を独裁国家と呼ばざるを得なくなるからである」。

1949年、新旧ドイツサッカー協会の初めての理事会が開かれた。ペコ・バウヴェンス(中央)が戦後初代会長になった。

ノイベルガーは、自身が中立という立場をとることには満足しなかった。そうではなく、首都ブエノス・アイレスの首長たちは血に飢えた治安政策をとっていたが、明らかに、こうした国の政体に肩入れをしていた。その政策は次のように要約されている。「われわれはまず始めにシンパを殺害する。次は協力者だ。続いてどっちつかずの中立人間、最後に優柔不断な人間だ」。DFB会長は「軍人が権力を受け継ぎ、これで改革（！）への転換が開始された」と言っている。

ヒトラー時代、アルゼンチンでは戦後大統領になるファン・ペロン【大統領在職期間　一九四六～五五年、七三～七四年】が支配していたが、この国にはナチスのシンパが存在していた。一九四五年五月八日以降、一群のナチス犯罪者はこの国に逃れていた。逃亡者たちの仲間うちで跋扈していた人びとの中に、第二次世界大戦中、戦闘爆撃機の乗組員で、元ナチ大佐のハンス・ウルリヒ・ルーデルがいる。ノイベルガーは、このルーデルが西ドイツ全国選抜チームのアスコヒンガの宿舎を訪問することを許した。他方、ジャーナリストとして訪れたギュンター・ネッツァーには立ち入りが拒絶された。ルーデルは並みの戦闘爆撃機の乗組員ではなかった。彼はヒトラーのお気に入りの殺人者であり、第三帝国崩壊後もヒトラー総統とその政体に関する見解を一瞬たりとも変えたことはなかった人物である。ルーデルは、戦後一時期、ヴェルル【ドイツのルール地方】にある刑務所に服役中の元同僚を軍事的手段で解放しようとする計画を練っていたことがある。

歴史から学ぶことのできないこの元ナチが、西ドイツナショナルチームを訪れたとき、彼はネオナチの組織、ドイツ民族同盟（ＤＶＵ）の人寄せパンダの役割を演じた。この民族同盟の党首はゲーアハルト・フライ博士であり、彼は「第二次世界大戦の英雄」ルーデルを連れてドイツ一周ツアーを行った。このとき、開催された一連の催し物のスローガンは、「ドイツはまだ戦争に負けていない！」であった。会場の警備には、その後死んだナチス・テロリスト、ミヒャエル・キューネンが担当した。キューネンは国家民主党（NPD）【一九六四年結党の極右政党、六〇年代後半に西ドイツ二州で議会進出】を高く評価し、ナチス時代にはナチスの軍事部門のトップに昇進していた。一周ツアーの数年後、キューネンとドイツ民族同盟員はサッカーのブンデスリーガの各部で、メンバーを獲得する「人集め出兵計画」に着手することになる。

ところでルーデルはアスコヒンガ宿舎を訪問したが、実は元ナチスがドイツナショナルチームのトレーニング・キャンプ地を訪ねたのはこのときが初めてではなかった。すでに一九五八年のワールドカップで、ルーデルはドイツサッカー協会チームを表敬訪問している。そこでドイツサッカー協会幹部と元ナチスの度重なる蜜月関係に鋭い批判が向けられた。西ベルリン・ユダヤ教区議長ハインツ・ガリンスキーは、一九七八年、これは「スキャンダル」であると発言し、ドイツサッカー協会（DFB）報道担当ゲーアハルトに対して「スポーツのために、できる限り迅速に、責任をとるよう」に要求した。今日のドイツ首相ゲーアハルト・シュレーダーは、このとき「民主主義者すべてに対する挑戦である」と断言している。社会民主党国会議員ヴォルフガンク・シュミットはノイベルガーとゲーアハルトの解任を要請した。シュミットによれば、「恥ずかしいことである。というのも、フランスのワールドカップ代表団が、アルゼンチンで数年来行方不明のサッカー選手たちの運命を突き止め、解明に成功しているのに、他方、西ドイツ代表団はといえば、『ナチ・ルーデル』を訪問することで非人道的なアルゼンチンの軍事独裁者たちを称賛し、『ナチスの大物たち』をまたサロン的雰囲気で登場させ、上流紳士を装わせることに貢献したからである」。専断的なノイベルガーはこれらの批判にはお構いなしであった。すなわち「ルーデル氏は、私の知る限り、われわれにいろいろ抗議をしてくる人物たちと同じ、完全な権利を有した西ドイツ市民である。私は、第二次世界大戦中、彼の戦闘爆撃機の体験が非難されることを望まない」と述べ、「『ルーデル訪問への批判』は戦争に参加したドイツ人兵士全員への侮辱にも等しいものである」と言っている。アスコヒンガ訪問の二年前、元国防相ゲオルク・レーバー（社民党）は、西ドイツ連邦国防軍の将軍たちに停職処分を命じた。将軍たちはルーデルを定例の会合に招いたからであった。ノイベルガーのほうはこの将軍たちとは異なり「ルーデル・スキャンダル」を乗り切った。そしてDFB指導部は以前と変わらずに右派路線を歩み続け、民主化を求める動きとは無縁のままである。DFBは、一九六八年の時代思潮と「挑もう、もっと民主主義を」というヴィリー・ブラントの精神を完全に敵に回し続けてきた。

DFBと会長は、この当時、確かに拍手で迎えられたことはあったが、それはネオナチ・メディアからのみであった。『ディ・ドイチェ・ナツィオナールツァイトゥンク』紙は、ドイツ民族同盟（DVU）ボスのゲーアハルト・フライが発行する新聞で、ユダヤ人殺戮を否定することが今日までの一貫としたテーマである。この新聞は「ルーデル大佐によるドイツナショナルチームへの敬意」を掲載した（一九七八年六月十六日）。新聞『ディ・ドイチェ・ヴォヘンツァイトゥンク』は訪問を歓呼の筆致で掲載し、「DFBはルーデル大佐への誹謗中傷を突き返す。ドイツサッカー協会の男らしい守り手」（一九七八年六月十六日）と書いた。一九九二年にノイベルガーが死ぬと、ネオナチの各新聞は彼への讃辞をこめた追悼文を掲載した。

一九九四年：ヒトラー誕生日の国際試合

一九九四年四月二十日、ＤＦＢはベルリンでイングランドとの国際試合を開催しようとした。開催日、開催地、試合相手、これらすべてが大きな問題を孕んでいた。この四月二十日は「ヒトラー総統の誕生日」であり、オリンピックスタジアムは、ナチスの建築家による建造物であり、イングランドといえばドイツが戦争で闘った相手であった。ＤＦＢはさしあたり次のように主張した。「この日がヒトラーの誕生日であるとは知らなかった」。しかし、当然ながら疑念の声が巻き起こった。子どもの頃、学校の授業中にサッカーの名場面の写真を交換しあっていたような無邪気な人物たちがこれを計画したのではなく、ある政治戦略を狙う確信犯のなせるワザであろう、という疑いが生じるのはごく自然であった。すなわち、狙いは、元敵国とドイツの過去との和解であった。この国際試合は、かつてビットブルクにあるナチス親衛隊の墓地で、西ドイツコール首相とフランス大統領フランソワ・ミッテランが手に手を取って墓参したのと同じような効果を与えた。ベルリンサッカー協会の元会長、オットー・ヘーネと称する男は、北ドイツ放送局（ＮＤＲ）のトークショーの番組に出演し、今まで避けていたテーマを突然口にした。「われわれは、ドイツ史の克服に貢献したいのです」。出席者から批判されたこの幹部は、こう言い放った。「あなたは当時そこにいなかったでしょう」。この発言の意図とは、このドイツでは常に次のようなことを示している。すなわち「あなた方がいつも言うほどナチス時代はひどくはなかったのですよ、あなたはいなかったので知らないだけです」と。

ＤＦＢ報道担当者ヴォルフガンク・ニールスバッハは、今もこのような主張をし続けている。ナチスの伝統を最も忠実に固守し、国際的規模でのユダヤ人の陰謀とやらを確認したからだという。ニールスバッハは、アメリカ側から批判されたが、この批判に対してどう思うか、その見解を『ハンブルガー・モルゲンポスト』紙に求められ、彼は、以下のように断言している。「四月二十日はドイツではタブー視されてはいない。（中略）アメリカの新聞は、八〇％がユダヤ人の手にある。ドイツでの出来事は、どんなに小さな揺れにも感ずる地震計のように事細かに記録されている」。なぜこのように主張するのか、再度、尋ねられた報道担当者ニールスバッハは、次のように回答している。「その根拠は、ドイツの旅行会社の情報である。この会社は、アメリカで営業し、ドイツへの旅行を扱っている」。この会社の住所とやらが極めていかがわしいことが暴露されることになった。というのも、しばらくしてこの会社がドイツ連邦議会で議会質問の対象になったからである。この会社の事務所には極右の人間と反ユダヤ主義者がうごめいている事実が明るみに出てきたためである。「ユダヤ人によって操られたアメリカの新聞」というデマ宣伝は、ナチス時代にエリーザベト・ノェレ（一九四五年以降は、ノェレ・ノイマンとして有名になる）により初めてナチスの週刊新聞『ダス・ライヒ』に持ち出されたシロモノである。『ハンブルガー・モルゲンポスト』紙は、解説欄でこのニールスバッハの反ユダヤ的偏執狂について以下のように記した。「この報道担当者が臆面もなく、ユダヤに支配され、したがって反ドイツ的なアメリカの新聞という古色蒼然とした馬鹿話を蒸し返すならば、警戒をしなくてはならない。単に飲み込みが悪いだけでなく、むしろ過去の亡霊がまたぞろ動き始めたのではないだろうか。昔からの疑念が再び浮上した」。

人種差別的な愛国主義

一九九八年、ワールドカップが行われている最中に、フーリガンやドイツナショナルチームの極右ファンがフランスの警察官をあやうく殴り殺す事態が生じた。この事件は、ここ数年、DFBナショナルチームに付随した、一連の不愉快な出来事の中の一つの頂点に過ぎなかった。極右にとっては（国を代表する）ナショナルチームは、どちらかというと国際色を特徴とする各クラブチームよりも格好の接点となっていることは明らかである。ナショナルチームとは、ドイツサッカー界において国粋主義的な思考の最後の砦の役割を演じている。ドイツサッカー協会会長ヘルマン・ノイベルガーはかつて以下のように発言した。「サッカースポーツのアイデンティティの問題とは、まさにこのスポーツがもっぱら自国の国民によって行われ、演じられることとである。このことがナショナルチームにあてはまることは言うまでもない。しかし同時に、社会のトップクラスの人びとにおけるサッカースポーツにも該当する。このスポーツには独特なものが含まれ、あるときは完全に排他的な、またあるときは極めて排他性の強い民族主義的な要素を媒介にして、このスポーツを受容する人びと（!!）が存在するのである」。総体的に言えることは、こうした思考が現在のDFB指導部にもまたあてはまる。但し、パウロ・リンクやムスタファ・ドーガンをナショナルチームの幹部に招聘した点は、一定の風通しと近代化を一見予感させてはいるようだが。しかし、こうした一歩前進のように見える現象も、恐らくはスポーツ自身の持つ必要性からくるものであり、国境や民族を超えた世界主義的な信念に基づくものではなかった。フランスやオランダと比べると、一九九八年、ワールドカップでのドイツサッカー界の様相は、絶望的なほど時代後れである。

さらに、DFB幹部やDFBコーチ陣が国際トーナメントや国別対抗試合があると、ドイツを極端なまでに強調するレトリックに陥る。例えば、この章の始めのほうでふれたDFBの傾向、すなわち、こうした試合には国家的（ナショナル）な情念を抱いて臨む傾向がそれである。DFBには、いつになっても、国際試合とは純粋にスポーツのイヴェントではなく、あたかも国民の徳を図るバロメータであるかのように見なす考えが主流を占めている。ここでは、自国の国民のほうが優れているのだという〈優秀性〉が証明されなくてはならない。ベルリンのオリンピックスタジアムで、対ポルトガル戦の国際試合が開催された。このとき、競技場のスタンドは立ち上がった。「さあ、ドイツ人ならば立ち上がろう」と一斉に唱和して。こうしたことはDFBにとっては、いかなる批判の的にもならなかった。だが、このような国粋的な唱和がやがて暴力に転化するその時間は、DFB幹部が世論に信じ込ませているほど長い時間ではない。

今日、DFBのトップは三人の幹部が占めている。いずれもキリスト教民主（CDU）／社会同盟（CSU）の陣営にくみしていることを明言し、幹部としての職責が、政党政治の中にあって中立を守る義務にある、などとはまったく考えていない人たちである。DFB会長エギディウス・ブラウン【一九九二年〜二〇〇一年まで会長、現在は名誉会長】は、CDUと、CDU出身者で元首相ヘルムート・コールへの共感を決して隠そうとはしなかった。コール前首相が全国選抜チームを訪問し、それにより得られる効果を首相自身が自分の政治的メッセージに悪用したが、この幹部は、この政治家のこうした悪用を何度も認めた。とりわけ、一九九六年、ヨーロッパ選手権でドイツが優勝すると、DFBとCDU出身首相の〈二人三脚〉が目に余るようになった。というのも、この年にコール首相と彼の崇拝者であるDFBのフォークツは、第二テレビ（ZDF）に出演し、「仮病で仕事をさぼる」人間に、共に断固たる措置で臨む考えを披露したからである。一九九八年、連邦議会選挙でコール首相が敗れ、首相職から退かざるを得なくなったとき、ブラウンは「慰労賞」なるものを贈った。すなわち、首相はトレーニング・キャンプ地、サポーター席、スタジアムをまわる選挙キャンペーンの行脚に出たが、ブラウンは、こうしたコール首相のキャンペーン旅行に対してDFB名誉会員証を授与することでこの労をねぎらった。コールはこうした栄誉を与えられた初めての政治家である。

ブラウンを支える新副会長フランツ・ベッケンバウアーは、前回のバイエルン州議会選挙戦で、二党から成る保守連合の中でも、より右派のCSUと、この党のエドムント・シュトイバーの広告塔の役割をまたもや果たした。同じCSUの故シュトラウスを崇拝するベッケンバウアーは、若い頃、当時の西ドイツ首相ヴィリー・ブラントを「国家の不幸」であると見なし、この不幸の下に、「東ドイツを覆っているのと同じような状況」が組み込まれている、と発言した。一九八六年に開催されたワールドカップでは、西ドイツナショナルチームの監督はベッケンバウアーが務めたが、彼はメキシコのジャーナリスト、ミゲル・ヒルシュに向かって恫喝を加えた。すなわち、こう言ったのだ。「このチビのメキシコ人。ちょっと一押しで、消してしまうぞ」。さらにドイツがワールドカップの開催地に名乗りをあげることに反対をした人びとは、一九九七年、「皇帝」と異名をとるベッケンバウアーから殴り合いをも辞さないという調子で次のような〈訓辞〉を浴びせられた。「ワールドカップドイツ大会招致に反対する者は、ドイツの敵である」。

もう一人の副会長ゲーアハルト・マイヤー＝フォーフェルダー（MVと呼ばれている）には、すでにかなり以前から「CDUのライトウイング（極右）」という評判がついて回ってきた。マイヤー＝フォーフェルダーは、こうした評判に沿うようにあらゆる努力をしている。ごく最近の例を挙げよう。現在、ドイツナショナルチームの選手たちは危機に直面しているが、これに対する反応が問題なのである。（ドイツと出身国の）二重国籍を持つことに反対する声明を出した人びとにとっては、こうした問題は第一次世界大戦でドイツ帝国が敗北をしたときから始まった。マイヤー＝フォーフェルダーは、「もしわれわれが、一九一八年に植民地を失っていなかったとしてみよう、そうすると、ドイツ領西南アフリカから選手をドイツナショナルチームに引っ張ってくることができたであろう」と述べた。彼は一九九九年二月、サッカーでは〈途上国〉のアメリカに敗北したことを嘆いた。

MVの政治上の育ての親はハンス・ファルビンガーであり、このファルビンガーは一九七八年、ナチス時代の過去が問われ、州首相の座を降りた。彼はナチス時代、海軍の軍事裁判官を務め、終戦間際に脱走兵を死罪とした。幹部職を多く兼任するマイヤー＝フォーフェルダー自身はといえば、八〇年代の中頃、世論の怒りを気にせざるを得なくなった。というのも、このとき、彼はドイツの生徒にはナチス時代のドイツ国歌を三番まで全部を覚えさせ、歌わせるという見解を表明したからである【一番の歌詞「すべてを超えるドイツ」がナチス時代に「世界に冠たるドイツ」に曲げられて歌われたため、一九九一年、ヴァイツゼッカー大統領らにより「国歌は三番」のみ、と定められる】。このすぐ後に彼はナチスの突撃隊とそのテロについて自身の考えを公表した。「ベルリンでの、ハンブルクの港湾通りでの、またヴァッカースドルフ【バイエルン州】での『混乱』は、当時のナチス突撃隊よりももっとひどい」。この言葉を〈翻訳〉してみよう。誰も住んでいない住居や、再処理工場建設予定地の占拠、そして警官への投石は、ＣＤＵ右派にとってはユダヤ教会への放火やユダヤ人虐殺よりももっとひどい行為である、となる。

過去の克服？　いや結構！

総体的に判断すると、ＤＦＢは百周年の創立記念を契機に、当時を是非とも詳細に検討し、恥ずべき過去と向き合おうという姿勢は示さないようだ。あのドイツ銀行のような組織ですらその後、ナチス時代の企業活動に手厳しく解明のメスを入れ、著名人であろうとなかろうと公平に名前を具体的に挙げているのに、ＤＦＢは、昔から何も変わらず、恥というものを意識しないまま、「無垢の子羊」を演じ続けている。そこで次のような不信感が当然のことながら浮上する。すなわち、今のＤＦＢ幹部がトップにいる限り、また幹部たちに蔓延している政治意識が変わらない限り、過去への批判的な取り組みは決して成し遂げられないだろう。また、ＤＦＢが追放したり、ナチ政体が迫害したユダヤ系や左翼系の選手たちに対して、ＤＦＢがこれまで謝罪することはまったくなかった。責任と罪を負った幹部たちを擁護すること、故人であろうと生存者であろうと彼らを守ることが、エギディウス・ブラウン会長にとっては犠牲者への連帯よりも重要なのである。

ドイツサッカー界においてＤＦＢのこうした過去への向き合い方は、言うまでもなくＤＦＢだけに特殊な件ではない。現在のプロの各サッカークラブチームもその圧倒的大多数が、この点に関しては別の道を選択したわけではない。例えば、多くのクラブチームが公刊するチーム史では、ナチス時代が自然現象に矮小化されている。すなわち、当時は、ドイツ中が夕闇に閉ざされました。そのために、今何が起こっているのか、誰も正確に見ることができませんでした、という具合である。

この時代について思い出したいことと言えば、単にスポーツだけの出来事でしかなく、どのチームが何位であるかという順位表や選手権試合のことくらいである。その他のテーマを挙げるとすれば、事務所が爆撃で破壊された話とか、クラブチームの史料が焼失してしまった話であり、他にもっとあるとすれば、有名な選手で、戦闘の前線で英雄死をとげたことなどが話題にのぼる。決して語られないこと、それはクラブチームから追い出されたユダヤ人やその他のナチス政体の犠牲者のことである。

とりわけ心が痛むのは、「褐色」の汚点【親衛隊の「褐色のシャツ」、ナチ党本部の「褐色の家」等、「褐色」はナチスを連想させるシンボルカラー】について沈黙するだけではなく、何かプラスのイメージでこの時代を描き出すことである。FCバイエルンがその一例である。このクラブチームは、一九三三年のヒトラーの権力奪取以前はユダヤ系市民の心のよりどころであった。FCバイエルンがチーム史で「ユダヤ人史」を公に語るとき、「大変、心が痛みすぎます」などとしか言わない幹部の精神構造とは、一体何なのであろうか。サポーターたちの中の右翼層を離反させないためであろうか。例えば対戦相手の「アヤックスはユダヤチームだ」などという非難の叫び声が競技場に広がったことが理由で、FCバイエルンが注目の的になり、問題視されても、幹部連中の中には「自分たちもかつては（ユダヤ系選手をメンバーに抱えていたので）こうして非難されたのですよ」と言い返すことを義務と感じるような人は誰も現れなかった。FCバイエルンのリベラルな伝統といっても、どうもことさらに誇れるようなものではないようである。


（ディートリヒ・シュルツェ＝マルメリング）

参考文献

Atlasz, Robert（Hrsg.）: Bar Kochba.　Maccabi-Deutschland 1898 bis 1938.　Tel Aviv 1937.

Bear, Arthur: 50 Jahre Hakoah 1909 bis 1959.　Tel Aiv 1959.

Baroth, Hans-Dieter: „Jungens, Euch gehört der Himmel!“ Die Geschichte der Oberliga West 1947-1963, Essen 1988.

Bausenwein/Kaiser/Siegler: 1. FC Nürnberg.　Die Legende vom Club, Göttingen 1996.

Benz, Wolfgang u.a.（Hg.）: Enzyklopädie des Nationalsozialismus, München 1997.

Bernett, Hajo: Guido von Mengden: „Generalstabschef“ des dt.　Sports, Berlin und München 1976.

Bernett, Hajo: Der Weg in die nationalsozialistische Diktatur: Die Entstehung des Deutschen（Nationalsozialistischen）Reichsbundes für Leibesübungen, Schorndorf 1983.

Bernett, Hajo: Der jüdische Sport im nationalsozialistischen Deutschland 1933 bis 1938.　Schorndorf 1978.

Bernett, Hajo: Der Weg des Sports in die nationalsozialistische Diktatur.　Schorndorf 1983.

Berns, Heinz/Wiersch, Hermann: Das Buch vom deutschen Fußballmeister.　Zwei Mannen und eine Mannschaft. Wattenscheid 1936.

Bitter, Jürgen: Deutschlands Fußball-Nationalspieler.　Das Lexikon.　Berlin 1997.

Böttiger, Helmut: Kein Mann, Kein Schuss, Kein Tor.　Das Drama des deutschen Fußballs.　München 1993.

Brecht, Bert: Die Krise des Sportes, in: Meisl, Willy（Hg.）: Der Sport am Scheidewege, Heidelberg 1927.

Bringmann, Gilbert（Hg.）: Fußball-Al-manach 1900-1943. 2. Auflage.　kassel 1994.

Bronnen, Arnolt: Sport und Risiko, in: Meisl, Willy（Hg.）: Der Sport am Scheidewege, Heidelberg, 1927.

Bruggmoser, Wolfgang: Sport und Ideologie.　Entwicklung deutscher Turn- und Sportvereine im Dritten Reichaufgezeigt am Beispiel des FC Bayern München. Facharbeit im leistungskurs Geschichte. München 1987.

Bunzel, John: Hoppauf Hakoah, Wien 1987.

„Der Kicker", die deutsche Fußball-Illustrierte (Herausgeber): Deutschlands Fußball-Meister. Berlin 1941.

Deutscher Fußball-Bund (Hg.): Fünfundsiebzig Jahre DFB. Eine Festschrift des Deutschen Fußball-Bundes. München 1975.

Deutscher Fußball-Bund (Hg.): Programm für den Festakt anlässlich des 75-jährigen Bestehens des Deutschen Fußball-Bundes am 17. Mai 1975 im Schauspielhaus in Frankfurt am Main. Frankfurt 1975.

FC Bayern München (Hg.): 90 Jahre FC Bayern München. München 1990.

Flierl, Paul: Sechzig Jahre Süddeutscher Fußballverband 1897 bis 1957. Stuttgart 1957.

Gehrmann, Siegfried: Fußball-Vereine-Politik. Zur Sportgeschichte des Reviers 1900-1940. Essen 1988.

Geyer, Horst: Olympische Spiele 1896-1996. Ein deutsches Politikum. Münster 1996.

Gloede, Walter: Sport, die unbekannte Größe im politischen Spiel. München-1980.

Goch, Stefan: Sozialdemokratische Arbeiterbewegung und Arbeiterkultur im Ruhrgebiet. Eine Untersuchung am Beispiel Gelsenkirchen. Düsseldorf 1990. Reihe: Geschichte des Parlamentarismus und der politischen Parteien.

Grüne, Hardy: 90 Jahre deutscher Liga-Fußball. Kassel 1995.

Hack, Fritz: Torhüter des Jahrhunderts. Bad Homburg 1979.

Herberger, Josef: Fußball-WM, Kemnat 1973.

Huba, Karl-Heinz: Fußball-Weltgeschichte. München 1989.

Jenrich, Holger: Borussia Mönchengladbach. Tore, Tränen und Triumphe. Göttingen 1995.

John, Michael/Schulze-Marmeling, Dietrich: „Haut's die Juden!" Antisemitismus im europäischen Fußball, in:

Beiersdorfer u.a. (Hg.): Fußball und Rassismus, Reinbek bei Hamburg 1994.

John, Michael: Fußballsport in Österreich, in: Eisenberg, Christiane (Hg.): Geschichte des Fußballsports, 1996.

Kehl, Anton: Sepp Herberger in Bildern und Dokumenten, München 1997.

Kicker-Sportmagazin: Kicker-Almanach 1973. Das Fußballjahr im Taschenbuch. München 1973.

Körfer, Hans: Weltmeisterschaft. Frankfurt am Main/Wien 1962.

Koppehel, Carl (Hg.): Geschichte des Deutschen Fußballsports. Herausgegeben in Zusammenarbeit mit dem Deutschen Fußball-Bund. Frankfurt/M. 1954.

Krämer, Gerd: Im Dress der elf Besten. München 1961.

Krüger, Arnd: Die Olympischen Spiele Neunzehnhundertsechsunddreißig und die Weltmeinung: Ihre außenpolitische Bedeutung unter besonderer Berücksichtigung der USA. Berlin 1972.

Leinemann, Jürgen: Sepp Herberger. Ein Leben, eine Legende. Berlin 1997.

Mandel, Richard: Hitlers Olympiade Berlin 1936. München 1980.

Matheja, Ulrich: Eintracht Frankfurt Schlappekicker und Himmelsstürmer. Göttingen 1998.

Meisl, Willy (Hg.): Der Sport am Scheidewege. Heidelberg 1927.

Meißner, Toni Richard: Der politisierte Sport und seine Fachpresse unter besonderer Berücksichtigung ihrer politischen Propaganda während des nationalsozialistischen Regimes (1933-45). Worms 1956 (Diss.).

Mengden, Guido von: Umgang mit der Geschichte und mit Menschen. Ein Beitrag zur Machtübernahme im deutschen Sport durch die NSDAP, Berlin 1980.

Mikos, Lothar/Nutt, Harry: Als der Ball noch rund war. Sepp Herberger-ein deutsches Fußballerleben, Frankfurt/M. 1997.

Moritz, Rainer: Doppelpass und Abseitsfalle. Ein Fußball-Lesebuch. Stuttgart 1995.

Müllenbach, Hanns J./Becker, Friedebert (1940): Die Feldherren der Fußballschlachten, Nürnberg 1940.

Munzinger, Ludwig (Hg.): Munzinger-Archiv. Internationales Sportachiv. Ravensburg 1989.

Präsidium des Hamburger Fußball-Verbandes (Hg.): 100 Jahre Fußball in Hamburg. Hamburg 1994.

Priamus, Hans-Jürgen/Goch, Stefan: Macht der Propaganda oder Propaganda der Macht, Essen 1992.

Reuth, Hans Georg (Hg.): Die Goebbels-Tagebücher, Bd. 1, Bd. 2, Bd. 3: 1936-39. Müunchen 1992.

Röwekamp, Georg: FC Schalke 04. Der Mythos lebt. Göttingen 1996.

Rohr, Bernd/Simon, Günter (Hg.): Fußball-Lexikon. München 1991.

Schilde, Kurt: Mit dem Davidstern auf der Brust. Spuren der jüdischen Sportjugend in Berlin zwischen 1898 und 1938. Berlin 1988.

Schneemann, Wilhelm: Das„Volk in Leibesübungen“ als weltanschauliche Aufgabe, in: Leibeserziehung, Heft 4/6, Berlin 1943.

Schön, Helmut: Immer am Ball, München 1972.

Schön, Helmut: Fußball. Frankhurt am Main/Berlin/Wien 1978.

Schulze, Ludger: Die Mannschaft. Geschichte der Deutschen Fußball-Nationalmannschaft. Müunchen 1986.

Schulze-Marmeling, Dietrich: Der gezähmte Fußball. Geschichte eines subversiven Sports. Göttingen 1992.

Schulze-Marmeling, Dietrich: Die Bayern. Vom Klub zum Konzern, Göttingen 1997.

Schwind, Karl-Heinz: Geschichten aus einem Fußball-Jarhrhundert, Wien 1994.

Seitz, Norbert: Bananenrepublik und Gurkentruppe. Die nahtlose Übereinstimmung von Fußball und Politik 1954-1987. Frankfurt am Main 1987.

Service Civil e.V., in Zusammenarbeit mit„Umdenken e.v.“ (Hg.): Spielkameraden, Prämien, Kaninchenführer. Hamburg 1990.

Skrentny, Werner (Hg.): Als Morlock noch den Mondschein traf. Die Geschichte der Oberliga Süd 1945-1963. Essen 1993.

Skrentny, Werner/Prüß, Jens: Hamburger Sportverein-Immer erste Klasse. Göttingen 1998.

Stadtarchiv München（Hg.）: München und der Fußball. Von den Anfängen 1896 bis zur Gegenwart. München 1997.

Teichler, Hans-Joachim/Hanke, Gerhard（Hg.）: Illustrierte Geschichte des Arbeitersports. Berlin und Bonn 1987.

Teichler, Hans Joachim: Internationale Sportpolitik im Dritten Reich. Schorndorf 1991.

Ticher, Mike: Es steht doch in den Akten–Juden und Fußball in Berlin（Manuskript）.

Torberg, Friedrich: Die Erben der Tante Jolesch. München 1990.

Ueberhorst, Horst: Carl Krümmel und die nationalsozialistische Leibeserziehung, Berlin und München 1976.

Ueberhorst, Horst: Spiele unterm Hakenkreuz. Die Olympischen Spiele von Garmisch-Partenkirchen und Berlin 1936 und ihre politischen Implikationen, in: Bundeszentrale für politische Bildung（Hg.）: Aus Politik und Zeitgeschichte. Beilagen zur Wochenzeitung Das Parlament（B31/86）. Bonn 2. August 1986, S. 3 bis 15.

Ueberjahn, Dieter: Meisterclubus des deutschen Fußballs. Balve/Sauerland 1980.

Walter, Fritz: Elf Rote Jäger. o. O. 1959.

Weinbach, Horst: Das große Buch vom Fußball. München/Berlin 1972.

Winkler, Hans-Jürgen: Sport und politische Bildung. Opladen 1972.

Wistrich, Robert: „Wer war wer im Dritten Reich?“, Frankfurt am Main 1987.

Zöller, Martin u.a.: Fußball in Vergangenheit und Gegenwart. Berlin 1978.

訳者あとがき

本書の原本は、ゲールハルト・フィッシャー、ウルリッヒ・リントナー編著の*Stürmer für Hitler: Vom Zusammenspiel zwischen Fußball und Nationalsozialismus*（『ヒトラーのためのフォワード――サッカーとナチズムの共演』）である。この本は、ヴェルクシュタット出版社から一九九九年に出版された。私たちは、この原本の第三版をもとに、翻訳に取り組んだ。原本は、全一〇章、約三〇〇頁の書物であるが、翻訳書はここから約三分の二を選び、抄訳とした。

サッカーのワールドカップは、スポーツ界では世界最大のイベントと言ってもいいであろう。第一四回イタリア大会（一九九〇年）では、世界中でテレビ観戦者が延べ人数で約二七〇億人を記録したそうである。本書で取りあげられるドイツサッカー協会は、六〇〇万人の会員を擁し、世界最大の人数を抱えるスポーツ組織になっている。一方、女子サッカーのワールドカップも、一九九一年の第一回大会以来、二〇〇三年まで四回の大会を数え、こちらの関心と普及も拡大している。競技人口はすでに世界中で四千万人を数えている（小倉純二『サッカーの国際政治学』）。さらに、一チーム五人で行う「ミニ・サッカー」＝フットサルも、サッカー人気の一翼を担っている。一一人を集めるサッカーに比べて、フットサルは、身近な隣にいる人を集め、狭いコートで競技が可能だ。フットサル世界選手権試合は、一九八九年にオランダで始まって以来、ワールドカップ同様、四年に一回の世界大会が開催されている。加えて、浜辺で競技をするビーチサッカーも徐々に知られてきている。近年のこうした広義のサッカー人気の高揚の中で、第一八回大会にあたる次期ワールドカップは、二〇〇六年にドイツの十二都市で開催される。本書が扱うドイツサッカー界は、第二次世界大戦後、スイス大会（一九五四年）、ドイツ大会（一九七四年）、イタリア大会（一九九〇年）で合計三度優勝し、数度の準優勝を経験している。

この翻訳書が明らかにする課題は三点から成り立つ。まず始めに、ナチスが政権を取った一九三三年からドイツが敗戦を経験した一九四五年までの時代に光を当て、ナチス政権とドイツサッカー界の関係を浮き彫りにした。とりわけ、さまざまな文献資料、新聞・雑誌、証言、写真などを手掛かりに、各クラブチームとドイツサッカー協会が、新たに登場したナチスという権力者たちに、先んじて忠誠を尽くしながら、どのように同調していったかが示されている。さらに、ナチスのスポーツ政治家や、権力に従順なトレーナー、そして諾々と従う選手たちの人間像が示されている。さらに、ユダヤ人選手、労働者選手や左派選手への迫害が取りあげられている。少数ではあるが、彼らの抵抗にも触れられている。次に本書が取りあげるテーマは、ドイツサッカー界の戦後である。ナチス時代に対してどのように目を見開き、犯した「非人間的な行為を」どのように「心に刻もうとし」（ヴァイツゼッカー元大統領）たのか、あるいはしなかったのか、その理由は何か、すなわち、過去の克服の問題が論じられている。第三に、こうしたナチス時代の「過去」と戦後の「現在」を視野に入れながら、本書はサッカーとナショナリズム、とりわけ偏狭で排他的なナショナリズムの問題に取り組んでいる。

なお、原本にはないが、訳者一同、日本の読者向けに説明が必要であると思われた箇所には、【 】の中に、訳者注を付けた。

翻訳に際し、次の方々から貴重な協力と助言を得た。Dr.Claudia Wenner氏、Florian Gantzert氏、Dr.Matthias Wolbold氏、Ruth.Reichert氏、Susanne Oswald氏である。訳者一同、感謝の意を捧げたい。また、現代書館の菊地泰博社長には出版をお引き受け下さったことを、吉田秀登編集員にはドイツ語原文を精確に参照したうえでの懇切丁寧な校正と、よき本を世に送ろうとする一途な情熱にそれぞれ感謝したい。

（田村光彰）

参考とさせて頂いた文献は以下のとおりです。

日本語、日本語訳文献

・ヴァンダーレン、D.B.他著、加藤橘夫訳『体育の世界史』ベースボール・マガジン社、一九六九年
・小倉純二『サッカーの国際政治学』講談社現代新書、二〇〇四年
・カーショー、イアン著、石田勇治訳『ヒトラー権力の本質』白水社、一九九九年
・清川正二『オリンピックとアマチュアリズム』ベースボール・マガジン社、一九八六年
・グッドマン、アレン著、谷川稔、石井昌幸、池田恵子、石井芳枝訳『スポーツと帝国――近代スポーツと文化帝国主義』、昭和堂、一九九七年
・クノップ、グイド著、高木玲訳『ヒトラーの親衛隊』原書房、二〇〇三年
・テーラー、ジェームス／ショー、ウオーレン　著、吉田八岑監訳『ナチス第三帝国事典』、三交社、一九九六年

・東京教育大学体育学部体育史研究室『図説世界体育史』新思潮社、一九六四年
・日本オリンピック委員会『オリンピック事典』プレスギムナスチカ、一九八一年
・原田一美『ナチ独裁下の子どもたち』講談社選書メチエ、一九九九年
・ヒトラー、アドルフ著、平野一郎、将積茂訳『わが闘争』（上下）角川文庫、一九八三年
・平井正『ヒトラー・ユーゲント』中公新書、二〇〇一年
・平井正『ゲッベルス』中公新書、一九九一年
・ブランデージ、アベリー著、宮川毅訳『近代オリンピックの遺産』ベースボール・マガジン社、一九七四年
・南利明『ナチス・ドイツの社会と国家』勁草書房、一九九八年
・村瀬興雄『ナチズム』中公新書、一九六八年
・村瀬興雄『ナチズムと大衆社会』有斐閣、一九八七年
・山口定『ナチ・エリート』中公新書、一九七六年

外国語文献

・*Brockhaus-Enzyklopädie* : Mannheim,1991
・*Meyers Großes Universallexikon* : Mannheim, 1981
・*Das Bertelsmann Lexikon* : Gütersloh, Berlin, München, Wien, 1966

【原著者紹介】

ゲールハルト・フィッシャー（Gerhard Fischer）
1965年生まれ。大学では歴史と政治を専攻し、ナチスのスポーツ政策に取り組み、研究成果を公刊する。現在は『南ドイツ新聞』社で、スポーツ部門の編集部に勤務する。

ウルリッヒ・リントナー（Ulrich Lindner）
1962年生まれ。ドイツ文学を専攻し、スコットランドで大学の講師を務める。現在、ドイツ文化センター（ゲーテ・インスティテュート）に勤務し、同時にミュンヒェンにてフリーの作家活動をおこなう。

ヴェルナー・スクレントニー（Werner Skrentny）
1949年生まれ。ハンブルクにてフリーの作家活動をおこなう。とりわけサッカーの歴史に関する多くの出版物がある。

ディートリヒ・シュルツェ=マルメリング（Dietrich Schulze-Marmeling）
1956年生まれ。作家兼ミュンスター近郊アルテンベルゲにて企画編集。とりわけサッカーの歴史に関する多くの出版物がある。

【訳者略歴】

田村光彰
北陸大学教員。ドイツ地域研究。（序文・第2章・第7章を担当）

岡本亮子
新潟大学非常勤講師。ドイツ・スイス文学。博士（学術）。（第1章を担当）

片岡律子
日本女子体育大学教授。ドイツ文学。（第5章・第6章を担当）

藤井雅人
福岡大学スポーツ科学部講師。スポーツ科学。博士（学術）。（第3章・第4章を担当）

ナチス第三帝国とサッカー——ヒトラーの下でピッチに立った選手たちの運命

2006年4月25日　第1版第1刷発行

編著者	ゲールハルト・フィッシャー
	ウルリッヒ・リントナー
訳者©	田村光彰
	岡本亮子
	片岡律子
	藤井雅人
発行者	菊地泰博
組版	美研プリンティング
印刷	平河工業社（本文）
	東光印刷所（カバー）
製本	矢嶋製本

発行所　株式会社　現代書館
〒102-0072　東京都千代田区飯田橋3—2—5
電　話03(3221)1321　振替00120-3-83725
FAX03(3262)5906　http://www.gendaishokan.co.jp/

校正協力・東京出版サービスセンター

2006 Printed in Japan ISBN4-7684-6919-1

定価はカバーに表示してあります。乱丁・落丁本はおとりかえいたします。